BRIAN ALBA

BRIAN ALBA

LA MAGIA DE ESTAR SOLO

Copyright 2024

Para quienes buscan fortaleza en la soledad, que este libro se convierta en un faro de luz y compañía en los momentos de pausa de la vida.

ÍNDICE

PRÓLOGO

El temor a quedarse solo o sola es una emoción, que experimentan algunas personas en diferentes momentos de su vida. Este temor se caracteriza por generar una profunda preocupación al rechazo o al abandono de parte de sus afectos o personas importantes en su vida y se les asocia a inseguridades emocionales, sea o no consciente de ellas; sin embargo, cuando sanas o te liberas de cualquier herida emocional, que te impida vivir a plenitud, descubrirás los beneficios del tiempo contigo mismo.

¡Te amo! Porque no te necesito…

Te amo, porque no te necesito y no a la inversa, esta frase encierra la clave del amor genuino, ya que, aunque somos seres sociales y nos necesitamos los unos a los otros, debemos comprender, que si queremos estar con alguien a quien decimos amar, pero sentimos una necesidad excesiva de esa persona, no es amor genuino lo que estamos experimentando, sino dependencia. Esto puede deberse a que esa persona llena un vacío emocional en nuestra vida, o porque creemos que no somos capaces de enfrentar los desafíos diarios sin su presencia.

Ahora bien, si separamos las ideas...

Te Necesito por:

Tener algún vacío emocional, seas o no consciente de él

En este caso, se necesita a la otra persona para llenar alguna carencia en nuestra vida. Cuando una persona recurre a otra para establecer una relación con intención consciente o no de llenar ese vacío o carencia, esta relación no llega a un buen puerto, nadie, absolutamente nadie, tiene por misión en esta vida el completar o reparar partes rotas de otra persona; de hecho, ni siquiera para quienes tienen hijos, estos hijos no nacieron con el deber sanar a sus padres, eso sería un peso muy grande para sus hombros. No obstante, si fuimos creados para lo grande, para lo genuino, para lo grandioso; en pocas palabras, para ser felices y ayudar a otros a serlo, solo lo lograremos cuando demos un sentido correcto a nuestro existir, lo cual se logra amándonos, lo que nos capacita para dar y recibir amor.

No puedes resolver desafíos diarios, haciendo referencia, de una persona de edad adulta, sin impedimentos físicos o mentales, que no pueda mantenerse en varios aspectos solo, y no necesariamente me refiero al aspecto económico.

A la segunda idea se le denomina *Autonomía*, mediante la cual podemos tener un pensamiento crítico y gobernar nuestra conducta, es la autonomía la que nos permite por ejemplo decidir que ropa nos vamos a poner, sin la necesidad de que otra persona la elija por nosotros.

La autonomía se encuentra asociada a la *Autoestima* y ambas se forman en una persona desde sus primeros días de vida, pasando por una etapa crucial en la adolescencia.

Un niño en edad temprana o durante su adolescencia debe de crecer en un ambiente seguro y feliz en donde se perciba amado y valorado, en donde se le brinden las herramientas para llegar a ser adultos que se acepten, amen y puedan sanamente establecer vínculos con los demás. Esto sería una sana autoestima; ahora bien, la autoestima también se va generando en la niñez y afianzando en la adolescencia, ya que es labor de los responsables del niño darle desafíos acordes a su edad que le permitan poder tomar decisiones en pro de cuidar de sí mismos.

Cuando una persona crece con carencias afectivas, cuando no se le valora en su infancia, se le exige mucho más de lo que él o ella puede dar o se le hace ver que se le ama solo si obran de una determinada manera, esta persona suele buscar en su adultez compañía de personas con la cual puedan llenar sus carencias afectivas, aquellas que arrastra desde la infancia y generalmente estas relaciones, terminan mal, ya que no se tienen las herramientas necesarias para resolver determinadas situaciones.

En consideración, si esperamos que una relación, colme todas nuestras necesidades emocionales, estamos cometiendo tres errores muy comunes que son:

- Confundimos problemas propios de la persona, con problemas de la relación.

- Creamos expectativas que sobrepasan la realidad.

- Necesitamos validación en todo lo que hacemos, creando así un círculo vicioso.

Una sana autoestima y autonomía son la base de la felicidad propia y solo con este tipo de felicidad se puede ser feliz junto a los demás. En otras palabras...

Quien no puede ser feliz, solo. ¡No será feliz con otras personas!

Es por esta razón que desde nuestros primeros años se nos debe formar en amor propio, que es la base del amor al otro y también se nos debe fomentar en autonomía que nos capacita para asumir el control de nuestras decisiones y acciones y responsabilizarnos de lo que estas traigan como consecuencia.

A las personas que tienen golpeada su autoestima y carecen de autonomía, les cuesta de sobremanera disfrutar de tan siquiera una hora al día solos con la compañía de sí mismos.

Hoower

Diana enviudó cuando Hoower, su hijo, apenas tenía 2 años y con todo el pesar que deja la pérdida de un ser amado, hizo frente a lo que le tocó vivir. Diana era también huérfana de padre y lamentablemente su madre murió cuando ella estaba embarazada, no tenía hermanas, su única familia era una tía que no vivía en su ciudad.

Diana tenía que cuidar sola de su hijo y como todos los padres que aman a sus hijos, trató de hacer lo que ella consideró lo mejor posible o como se podría afirmar, trabajó con las herramientas que tenía.

Diana no permitió que su hijo hiciera estudios de preescolar o kindergarten. Lo llevaba a su trabajo, el cual era de atención al cliente online, por suerte los compañeros y compañeras de trabajo de Diana eran como una familia y lo atendían como si fuera su sobrino, la señora Mercedes quien era la coordinadora general de la oficina, lo quería como un nieto, así que Hoower hasta los 7 años, solo estuvo rodeado de personas adultas que lo consentían en todo.

En casa, Diana, por temor a generar sufrimiento en su hijo, no lo corregía en nada, no le pedía que recogiera sus juguetes y menos le solicitaba ayuda con algún oficio. Ella no quería generar heridas en su hijo, creía que ya era suficiente con el dolor de no tener a su papá.

Ya podrás imaginarte cómo fue Hoower cuando comenzó la escuela

Le costó muchísimo socializar, de hecho, los primeros dos años siempre estaba solo o detrás de su maestra, fue hasta el tercer grado de primaria en el que llegó un niño nuevo a su salón y estableció amistad con él. Él creía que por sí mismo no era capaz de hacerse querer, creía de hecho que su mamá solo lo amaba por ser su hijo y dudaba de todas las personas que le demostraban afecto, él imaginaba que lo querían solo por ser hijo de Diana.

La adolescencia fue un tanto complicada, si alguien le aconsejaba algo o lo corregía, él se enojaba o entristecía en demasía, por esta razón tuvo que asistir al psicólogo escolar, quien conociendo sus antecedentes, detectó enseguida la falta de amor propio que padecía, fue complicado redireccionarlo en su bienestar emocional, pero Hoower comprendió la razón de porque sentía ausencia de amor en su vida, aprendió a amarse y así pudo recibir el amor de los demás.

Hoy en día Hoower es un médico especializado en cirugía infantil, vive con su mamá, su esposa y dos hijos a quienes les ha fomentado el amor a sí mismos y a todos los que lo rodean.

Fomentar Autoestima y Autonomía en los niños y adolescentes, crea hombres y mujeres felices y de bien.

Algunos padres, madres o responsables de niños, tienen la seguridad de que antes de la mayoría de edad no se debe fomentar en ellos la autonomía, si no solo obediencia, ya que, como padres creen estar seguros de que es lo mejor para el niño, esto no deja de ser verdad, pero es un error no sembrarles cierto grado de autonomía en dependencia directa con la edad, de hecho un porcentaje considerable de niños y adolescentes abusados han sido aquellos a los que erráticamente y con métodos autoritarios han inducido a obedecer, entonces por frases como:

"Los niños buenos son obedientes"

"Si no haces caso te pasará tal cosa"

"Debes ganarte las cosas, portándote bien",

El niño crece creyendo que debe obedecer a todos y en todo para "merecer" y sin hablar o denunciar el abuso, lo asumen como "normal" y sufren en demasía sin contarle nada a nadie.

Además, la autonomía permite aprender de manera constante, y aprender es un proceso que debemos ejercer hasta el último instante de nuestras vidas, la autonomía se fortalece a medida que se adquieren responsabilidades y somos conscientes de la responsabilidad que implica nuestras acciones y decisiones, por esta razón, crecer en autonomía proporciona a los niños y adolescentes la madurez para enfrentar las vicisitudes de cada día para ser personas felices.

Es en la primera etapa de nuestra vida en la cual aprendemos a ser responsables y es en el entorno familiar en donde se encuentran los modelos de aprendizaje, también empieza el desarrollo de las habilidades sociales y la formación de vínculos socio-emocionales, que proporcionan bases para el desarrollo de aptitudes y actitudes interpersonales.

"Lo más importante para un adolescente al terminar el colegio es que haya crecido en Autoestima y en Autonomía, porque si tú te quieres, te valoras y te sientes capaz, sería muy extraño que no te abras camino en la vida

Mario Alonso Puig

Ahora, para llegar al punto que quiero establecer, recapitulemos lo siguiente:

Una sana autoestima y autonomía son la base de la felicidad propia y solo con este tipo de felicidad se puede ser feliz junto a los demás.

En otras palabras…

¡Quién no puede ser feliz, solo! ¡No será feliz con otras personas!

Quien tiene una sana autoestima y autonomía, está en capacidad de vivir solo, lo cual no significa en solitario como una isla, sino que puede permanecer solo en lo que considera su hogar y esto según la psicología moderna resulta de un gran bienestar siempre y cuando sea un tiempo a solas por decisión propia y no por un evento traumático.

En este libro quiero intentar sacar de tu mente, la idea que nos vendieron cuando éramos niños…

La idea de que no es correcto o "normal" estar solo. Si bien es cierto somos seres sociales y nos necesitamos los unos a los otros, también es cierto que cuando pasas un tiempo contigo mismo y solo contigo, tienes una gran oportunidad de crecer como persona, ya que aprendes a conocerte y comprenderte, por ende te aceptas y tu capacidad de entregar el amor bonito se multiplica.

CAPÍTULO I

REDISEÑANDO TU VIDA EN SOLITARIO

"La soledad es el lugar de la purificación."

– Martin Buber

Para llevar una vida plena y aprender a amar el tiempo que pasas solo contigo, haciéndolo parte de nuestro existir, es necesario, primero, aprender a ser autónomos, y esto debe aprenderse preferiblemente desde pequeños, aunque si nadie nos lo enseñó, ahora lo podemos aprender. Es por ello que en este capítulo abordaremos el valor qué tiene la autonomía en la vida cotidiana, además, se darán unas pautas para superar el miedo a estar solo, partiendo de la idea que este tiempo es una oportunidad para el crecimiento.

Lucía...

Siempre había sido la hija ejemplar. Sus padres la cuidaban con esmero, protegiéndola de cualquier dificultad, asegurándose de que tuviera todo lo que necesitaba. Sin embargo, a medida que crecía,

19

Lucía comenzó a darse cuenta de que, aunque le habían brindado todo, le faltaba algo esencial: la capacidad de valerse por sí misma.

Al terminar la secundaria, Lucía decidió mudarse a otra ciudad para estudiar una carrera universitaria. Aunque sus padres se opusieron inicialmente, temiendo que no pudiera manejar la vida lejos de casa, Lucía estaba decidida. Quería experimentar la independencia y aprender a tomar sus propias decisiones.

Los primeros meses fueron duros. Lucía se encontró sola en un pequeño apartamento, lejos de las comodidades que había tenido en casa. Al principio, las cosas más simples, como cocinar o administrar su tiempo, se le hacían cuesta arriba. Sentía la tentación de regresar al calor del hogar, donde todo era más fácil. Pero, cada vez que pensaba en renunciar, algo dentro de ella la impulsaba a seguir adelante.

Lucía comenzó a establecer rutinas. Aprendió a cocinar platos sencillos y se organizó para estudiar y cumplir con sus responsabilidades académicas. Descubrió que, aunque al principio era difícil, con el tiempo se volvía más fácil. Empezó a disfrutar de su independencia, saboreando la libertad de poder tomar sus propias decisiones y aprender de sus errores.

En la universidad, Lucía conoció a un grupo de amigos que, como ella, estaban aprendiendo a navegar por la vida adulta. Juntos, compartían experiencias y se apoyaban mutuamente. Estos amigos se convirtieron en una segunda familia para Lucía, dándole el apoyo emocional que necesitaba mientras seguía construyendo su independencia.

A medida que avanzaba en sus estudios, Lucía descubrió una pasión inesperada por la tecnología y el desarrollo de software. Comenzó a aprender programación por su cuenta, disfrutando de la lógica y la creatividad que esta disciplina le ofrecía. Con el tiempo, decidió *cambiar de carrera y estudiar Ingeniería en Sistemas, una decisión que la llenó de entusiasmo y motivación.*

Al finalizar la universidad, Lucía había dejado atrás a la joven insegura que llegó a la ciudad. Ahora era una mujer segura de sí misma, independiente, y con un futuro brillante por delante. Fundó su propia startup tecnológica, desarrollando aplicaciones innovadoras que pronto ganaron reconocimiento en el sector.

Años más tarde, Lucía se casó con uno de sus amigos de la universidad, alguien que la había apoyado en cada paso de su camino hacia la libertad. Juntos construyeron una vida llena de amor, respeto mutuo, y libertad para crecer como individuos.

Lucía nunca olvidó las lecciones que aprendió durante esos primeros meses de independencia. Sabía que la autonomía no era algo que se alcanzara de un día para otro, sino un camino que se recorría con paciencia y perseverancia. Ahora, cuando miraba hacia atrás, veía con orgullo todo lo que había logrado. Su vida era el reflejo de su valentía y determinación para convertirse en la persona que siempre supo que podía ser.

Abrazando La Independencia

El crecer con responsabilidad y autonomía proporciona madurez para enfrentar las diferentes situaciones de la vida y para tener un mayor grado de felicidad.

Todo ser humano desde pequeño, ya muestra que es competente, esto al saber expresar sus sentimientos, emociones y preferencias, solo que nuestros padres o cuidadores, en muchos casos, les cuesta confiar en las capacidades de decidir y no teniendo herramientas para explicar el porqué de la oposición, terminan aplicando la rudeza o dando razones que son difíciles de entender incluso para ellos mismos.

Te pondré un ejemplo...

María es una niña de 9 años que fue invitada al cumpleaños de una compañera de su clase, este cumpleaños es al aire libre, en un parque campestre a la salida de la ciudad.

María quiere vestirse con un lindo vestido que le regaló su abuela, pero su mamá le dijo que no podía ir en vestido, que debía ir en ropa más deportiva, pero María insistió tanto que al final la madre aceptó que fuera en vestido.

Al llegar al cumpleaños, María se sorprendió al ver a todas sus amigas vestidas deportivamente, fue a decir a su mamá, quien se encontraba charlando con otras mamás, y esta la avergonzó, diciéndole que ella se lo había dicho, entre otras cosas.

En este caso, la niña María comienza a dudar de su capacidad de decisión, pero no es por el hecho de que no haya aceptado la orden de su mamá, sino que ella comienza a desconfiar de sí misma, por la vergüenza que le causó el no acatar la orden. Otro caso hubiera sido si, la mamá de María le hubiera dicho en forma calmada: "si hija ya sé que estás incómoda, pero ahora no podemos hacer nada, disfruta del cumpleaños y para otra oportunidad piensa mejor las cosas" también otra alternativa era explicarle la razón por la cual no debía ir en vestido, darle opciones de ropas deportivas, ya que de insistir en ponerse el vestido no podrá asistir al cumpleaños.

No es fácil educar a los niños en autonomía, los padres tienen mucho miedo a darles la libertad de tomar decisiones, porque pensamos que puede suceder lo peor, pero es vital que poco a poco, de acuerdo con la edad, los niños vayan creciendo en autonomía, tomen decisiones y entiendan las consecuencias de las mismas, esto es un elemento vital para un buen vivir.

No pasa nada si un día usted deja que su hijo de 11 años prepare la cena, sin criticar negativamente el resultado de la misma, tampoco pasa nada malo porque un día lo deje preparar su propio desayuno, al contrario, los niños que crecen sintiéndose capaces, serán adultos más felices.

La autonomía comienza con la responsabilidad

Al hablar de autonomía pareciera que se excluye a los niños y adolescentes, pero esta es la etapa crucial de la vida en donde se genera este vital concepto, que favorece la independencia.

Este valor se fomenta a temprana edad, no obstante, no significa que no exista oportunidad para una persona adulta de ganar autonomía, está comprobado que mientras tengamos vida, tenemos la capacidad de aprender, siempre que estemos dispuestos a hacerlo.

Los hábitos de higiene, salud y aspecto físico van creando en la persona la capacidad de cuidar de sí mismo, por esto es tan importante crear buenos hábitos en estas materias. Los niños y adolescentes que adquieren buenos hábitos, los integrarán en su vida adulta.

Esto no quiere decir que, si esos hábitos los formaste desde niño o adolescente, todo está perdido y no lo puedas formar ahora, recuerda que podemos cambiar hábitos malos, creando buenos y reprogramando nuestro cerebro toda la vida.

Las Relaciones Sociales son indispensables desde temprana edad, para el desarrollo humano. Los niños y adolescentes se deben de relacionar con personas de su edad en entornos educativos y culturales y aprender que existen diferentes opiniones y modos de ver situaciones, esto brinda a la personalidad el conocerse y aceptarse y también comprender y tolerar las diferencias que encontramos en las demás personas. Si a un niño o adolescente se le niega el derecho a convivir en entornos que no ayuden a interrelacionarse, con personas diferentes a su familia, tal como el no permitir que asista a educación Preescolar, el desarrollo de la autonomía se trunca, ya que el pequeño no se ve envuelto en desafíos diarios que lo impiden crecer en este ámbito.

El Desarrollo Intelectual es indispensable para la vida y debe fomentarse desde muy temprana edad, el ser humano desde que nace hasta que muere es capaz de aprender, de hecho, se ha demostrado por la Programación Neurolingüística (PNL) que incluso en el vientre de nuestra madre, aprendemos, ya que, es donde se aprenden las emociones.

Aun así, hay padres que truncan la capacidad de aprendizaje de los niños, con frases como…

¡No sabes hacer las cosas, bien!

¡Eres un desastre!

Entre otras, que arruinan la autoestima de quien lo escucha e impiden que se gane autoconfianza, la cual es vital para la construcción de la autonomía. Entonces lo importante es cambiar esas frases limitantes, que ya sabemos de dónde vienen.

Es necesario dejar a un lado el papel de víctima

"Eso fue lo que me enseñaron desde pequeño"

Ocio: Es necesario que desde niños se dejen espacios para el ocio, quiere decir el juego y la recreación, es muy necesario que se deje a los niños inventar juegos, ya que esto brinda seguridad y autoconfianza. Ya de adultos, es muy importante mantener el control sobre el tiempo propio y destinar instantes del día para realizar actividades que permitan el sano disfrute de la vida, el meditar, leer, orar y actividades que brinden el crecimiento como persona, es vital para mantener una sana autoestima, autoconfianza y por supuesto autonomía.

La Responsabilidad es otro factor indispensable en la formación de una persona emocionalmente estable, lo que se traduce en alguien que se valore, ame y sepa cuidar de sí mismo, es por esto que desde que los niños son muy pequeños, debemos darle responsabilidades acordes a su edad.

Existe una falsa creencia de que el fomentar autonomía en los niños y adolescentes es para hacer la vida de sus padres más fácil, pero la realidad es que la autonomía, permite a una persona ser ella misma y uno de los problemas que presentan las personas que no quieren o pueden estar solas con ellas mismas es justo la falta de conocerse interiormente, ese temor de no saber qué quieren en la vida, el miedo a sabiendas o no, de no querer o poder cuidar de sí mismos, paradójicamente una de las ventajas de un tiempo contigo mismo, es precisamente conocerte y por ende aceptarte, amarte y valorarte, lo cual también es clave para amar genuinamente a otras personas.

Una etapa muy sensible en la vida de una persona es la adolescencia, ya que en este lapso tan crucial de la vida, los niños ya no son tan dependientes psicológicamente de sus padres, por eso antes de la adolescencia se debe dar herramientas para que lleguen a ella con cierta autonomía y se encaminen a ser hombres y mujeres maduros y sanos, psicológicamente, capaces de responsabilizarse por sus actos y con voluntad para ser capaces de enfrentarse al mundo que los rodea.

Abrazar la independencia solo es posible, con un pensamiento sano, maduro y autónomo, significa ser capaces de asumir con responsabilidad las consecuencias de nuestras decisiones.

Recapitulemos las ideas…

Es responsabilidad de los padres fomentar autonomía en los niños, pero si ellos no lo hicieron ahora es responsabilidad tuya y de nadie más lograrla.

Los adolescentes en la medida de lo normal, no deberían poder tener autonomía económica y física (entrar y salir de casa a la hora que quieran, dormirse a la hora que quieran, entre otras) pero si, autonomía psicológica por lo que comiencen a desvincularse emocionalmente de los padres.

Si no propiciamos autonomía en la niñez y/o la truncamos en la adolescencia, estamos golpeando a esta persona en su autoestima y generando que no crezca sano emocionalmente.

¿Pero que significa esto?

¿Si soy un adulto y de niño no me fomentaron la autonomía, no seré capaz de aprender a vivir solo y valerme por mí mismo?

¡De ninguna manera!,

Todo ser humano es capaz, debemos recordar qué mientras tengamos vida tenemos la capacidad de aprender y la vida es una escuela, con diferentes pruebas, algunas personas tienen mejores y más útiles herramientas para aprobar, pero todos tenemos una vida por vivir.

Si no tienes las herramientas que crees que te ayudarán a ser más autónomo, debes comenzar por conocerte, por aceptarte y aprender a amarte, reconocer que habilidades tienes a tu disposición. Tú, al igual que todos, gozamos de cierta autonomía en nuestra vida cotidiana, la cuestión es que la identifiques y esto lo puedes lograr pasando tiempo a solas o contigo mismo.

Eres un ser único y completo, jamás en el mundo existió o existirá alguien como tú, tu molde quedó destruido después de tu nacimiento, además, eres un ser completo, nadie ha nacido ni nacerá para completarte, no es verdad aquella idea que nos vendieron de la "media naranja" es más, ni siquiera tus hijos nacen para completar tu vida, ellos como tú tienen una vida propia, que es tu deber encaminar por el mayor bienestar posible.

Al final las personas tomarán sus propios caminos, y tu vida continuará, recuerda que siempre te tienes a ti mismo, no importa donde, ni cuando, ni en que condición, estar solo, siempre representa una oportunidad de crecimiento.

Superar el miedo a estar solo, es posible, solo debes valorarte a ti mismo, trabajar tu amor propio porque es la base del amor a los demás. Solo en soledad puedes cuestionarte, reflexionar y aprender de ti mismo.

Toma de Decisiones en Solitario

La toma de decisiones personales es una cuestión que amerita madurez para poder hacerse cargo de las consecuencias y esta madurez se va ganando a medida de que adquieres responsabilidades, tomas decisiones, y no culpabilizas a nadie de las consecuencias.

El tiempo que te dedicas a ti mismo, es necesario para crecer como el ser humano maravilloso que eres, para descubrir tu potencial. Cuando estás solo, descubres que no es el fin de tu vida, explorar alternativas como el hecho de dedicarte a algo que te agrada, descubres que eres capaz de mucho y eso es inconscientemente un beneficio para tu autoestima.

Un gran sabio le dijo una vez a uno de sus discípulos, al cual le veía problemas de autoconfianza, que, si él que era un gran escalador, decidiera escalar la montaña más alta y se preparase para hacerlo.

Pero al llegar a la cima se desata una gran tormenta que lo deja atrapado

Al final, no importaría que su familia, amigos y compañeros confíen en qué él es capaz de descender con vida, no importaría si todos abajo de la montaña creen que él sabrá cómo resguardarse y descender. Si él mismo no tiene confianza, no va a lograr volver a casa, allá arriba solo se tiene a él mismo y a su confianza en poder o no poder.

Entonces…

¡Si se puede aprender en soledad!

No es mi intención convencerte de que vivas en una isla desierta, o te alejes de tu familia, este libro no va de eso.

Mi intención es animarte a que entiendas que el tiempo a solas, lejos de destruirte, te ayuda a crecer y potenciar la grandeza que existe en ti y qué puedes compartir con los demás.

¡Conócete, Acéptate, Supérate!

Esta frase fue escrita por San Agustín hace algunos siglos y encierra una sabiduría genuina y perfecta. Solo puedes conocerte, si te abres a ti mismo y no podrás superarte, si no te aceptas como eres, con tus muchos defectos y también con tus muchas y únicas virtudes.

CAPÍTULO II

EL VIAJE MÁS IMPORTANTE

"Aprender a estar solo es un arte que nos libera del miedo a la soledad."

– Paulo Coelho

Si hay algo que debemos hacer para poder aprovechar nuestros momentos en soledad, es emprender un viaje, un viaje que suele ser largo, pero realmente satisfactorio.

¿A dónde será ese viaje?

¿Debo tramitar algún documento o permiso de viaje?

Seguramente es a Japón o la India...

¡No!

¡Nada de eso!

Es un viaje mucho más difícil, con caminos más escabrosos y que está a expensas de un gran saboteador.

Ese viaje es a tu interior y ese saboteador eres tú mismo.

Así que...

Minimiza tu propio sabotaje, emprende el viaje y llega a tu destino...

¡Tu propio yo!

Lo primero que debes saber, es que no solo somos cuerpo, así que no te imagines entrando en tu yo miniatura, por una de las fosas nasales y explorando todos tus órganos a través del torrente sanguíneo.

No, no, no... La vida es más que cuerpo, es más que carne, huesos, y seis litros de sangre recorriendo venas y arterias. Estamos formados por alma, cuerpo y mente. Y si estas tres porciones de nosotros mismos están separadas, puede empezar un grave problema.

Explorando la mente y el espíritu

Para lograr un verdadero crecimiento emocional debemos estar conscientes principalmente de la relación que existe entre el *cuerpo, mente, espíritu,* sin esta relación no podríamos llegar a un equilibrio que nos permita ser verdaderamente felices.

Conexión Mente-Cuerpo-Espíritu

Cultivar una conexión profunda entre la mente, el cuerpo y el espíritu, en la soledad, es esencial para tener un verdadero equilibrio en nuestra vida, como te dije, nos permitirá ser verdaderamente felices.

Pero…

¿Cómo lograrlo?

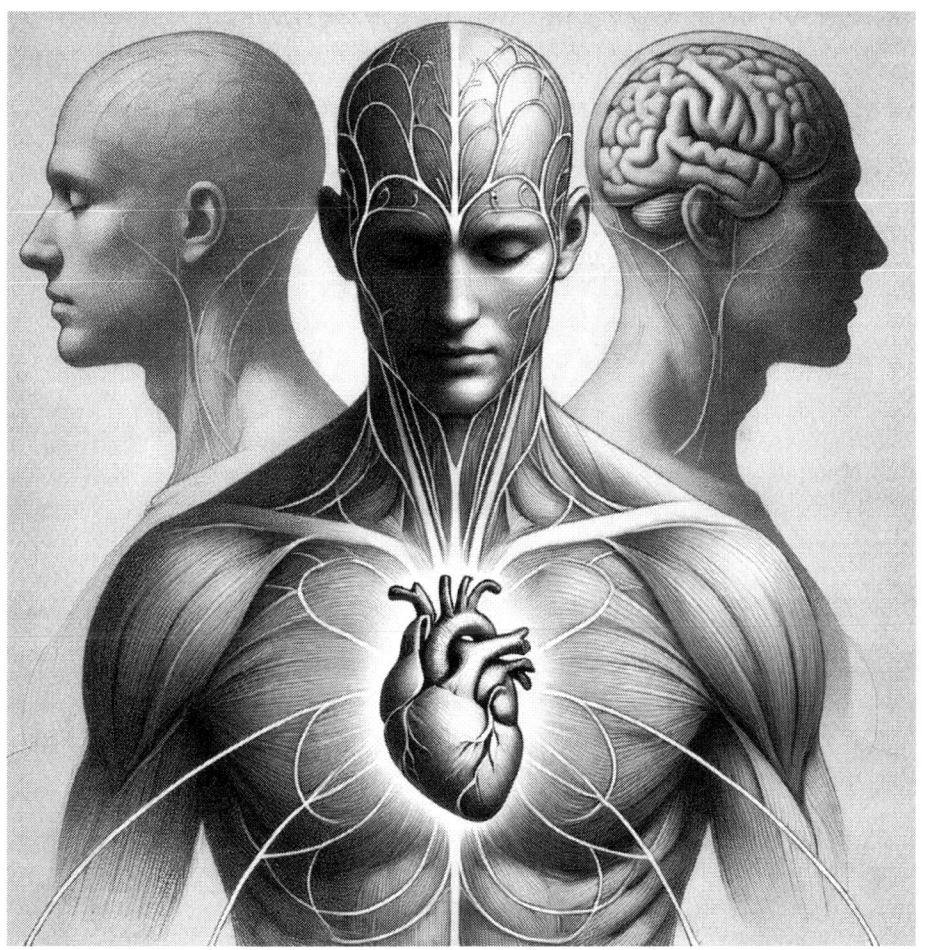

Para lograr la conexión mente cuerpo y espíritu, debemos cultivar lo que llamamos Inteligencia Espiritual que no es más que *"La habilidad de una persona para entender las experiencias desde una perspectiva que reconoce y valora su sentir y su manera de pensar, además de ello considera cómo vive con el otro para cambiar su comprensión de la realidad".*

Si observas bien el concepto te darás cuenta de que hay dos palabras claves allí: SENTIR y PENSAR, ambos verbos que vienen del espíritu y la mente. Cuando un ser humano valora esto (sentir y pensar) quiere decir que reconoce que existe una parte del cuerpo que puede ver y una mente y un espíritu que no se ve, pero que es fundamental en su vida y que junto al cuerpo forman a un individuo.

La intención primordial de la conexión mente-cuerpo-espíritu es que puedas estar consciente, prestando atención a cómo te sientes, aceptando las situaciones por la que estás pasando y entendiendo que a través del equilibrio puedes mejorar.

Solo reconociendo la existencia de estos tres, se logra el equilibrio entre ellos

Mente

La mente forma parte o se ubica en el cerebro, y es allí donde se ubican las funciones del pensamiento, la memoria, imaginación, los recuerdos, todo lo que ocurre en nuestra conciencia, sin duda alguna, se refleja en nuestro cuerpo y viceversa.

El científico Phoenix propuso a un condenado que sería ejecutado en la silla eléctrica, participar en un experimento científico, en el cual le sería hecho un pequeño corte en el pulso, lo suficiente para gotear su sangre. El preso tenía la probabilidad de sobrevivir; en caso

contrario, fallecería con una muerte sin sufrimiento ni dolor. El prisionero fue colocado en una cama alta, del hospital, y amarraron su cuerpo para que no pudiera moverse.

Hicieron un pequeño corte en la muñeca, justo en su pulso y debajo fue colocada una pequeña vasija de aluminio. Se le dijo que oiría su sangre gotear en la vasija. El corte fue superficial y no alcanzó ninguna arteria o vena, pero fue lo suficiente para que él sintiera que su pulso fue cortado.

Sin que él supiera, debajo de la cama había un frasco de suero con una pequeña válvula. Al cortar el pulso, fue abierta la válvula del frasco para que él creyese que era su sangre la que caía en la vasija. Cada 10 minutos el científico, sin que el condenado lo viera, cerraba un poco la válvula y el goteo disminuía.

Mientras tanto, el condenado creía que era su sangre la que estaba disminuyendo. Con el pasar del tiempo fue perdiendo color, quedando cada vez más pálido. Cuando el científico cerró por completo la válvula, el condenado tuvo un paro cardíaco y murió, sin haber perdido una gota de sangre.

El científico consiguió probar que la mente humana cumple, al pie de la letra, todo lo que le es enviado, y aceptado por el individuo, sea positivo o negativo, y que tal acción envuelve a todo el organismo, sea en la parte orgánica o psíquica.

Cuerpo

Un cuerpo puede ser definido como aquello que tiene una extensión limitada, perceptible por los sentidos, también como el conjunto de los sistemas orgánicos que constituyen un ser vivo.

El cuerpo es el receptor de estímulos y dolores, también de placer y salud física; es decir, el cuerpo va a depender de un componente genético, y también de un componente ambiental, que está influido por tus hábitos, estilo de vida y también tu estado emocional.

Muchas personas son afectadas por lo que podemos llamar *un apagón emocional*, ya que la mente envía mensajes al cuerpo. Es decir, cuando tenemos problemas de estrés, depresión, ansiedad o traumas del pasado (guardados bien sea en el consciente o subconsciente) el cuerpo lo va a resentir y es allí donde aparecen las enfermedades.

También pasa al revés cuando el cuerpo está enfermo, también influye en tus pensamientos, emociones y conductas.

La mente afecta el cuerpo y el cuerpo afecta la mente.

*El enojo daña el hígado.

*La tristeza, los pulmones.

*La angustia, el estómago.

*El estrés daña el corazón.

*El miedo daña el riñón.

*La preocupación, la cabeza

*La frustración, el páncreas

Entonces, cuando te enfermas, recurres a medicinas y tratamientos que aveces dañan aún más la interacción mente-cuerpo.

Aun así, pasa muchas veces que no mejoras, ¿verdad?

¿Por qué?

Porque por más medicina que tomes el problema se encuentra en la mente y no se está atacando la raíz del problema.

Es por ello que es importante conocer y aceptar que debe haber una relación armoniosa de mente-cuerpo para poder gozar de felicidad y mucho más poder desarrollarse como persona plena en soledad, para lo cual hay un tercer componente que nos integra y que quizás es el más importante de todos:

Espíritu

¿Qué es el espíritu?

El espíritu no se ve, porque es inmaterial, es una sustancia de algo, un principio generador, es muy difícil explicar que es el espíritu, pero desde el punto de vista bíblico, el espíritu es la gracia que Dios nos da, un fuego intangible para diferenciarnos del resto de especies.

"Es el alma racional donde reside el pensamiento, la espiritualidad y la comunión".

El espíritu proviene del latín *"spiritus"* que significa aire, respirar o respiración y aliento, no es falso cuando alguien muere decimos que dio su último suspiro, cuando se deja de respirar es como si ese aliento abandonara el cuerpo.

Desde el punto de vista cristiano en el espíritu se sientan los sentimientos, es allí donde nace el amor y el odio. Por eso se dice que el amor puede más que la razón, ya que no está en la mente (razón), ni en el cuerpo, sino en algo más allá; es decir, en el espíritu.

Debes saber que lo espiritual (con el espíritu) es contrario a lo material (el cuerpo), sin embargo, deben estar equilibrados, porque lo que pase en uno indiscutiblemente afecta al otro. Un ejemplo de esto es que cuando sientes amor y estás enamorado, tu cuerpo tiene ciertos síntomas, entre ellos cambios en la frecuencia cardiaca.

El espíritu es inmaterial, pero no por ello deja de ser racional, el alma es un principio que genera vida, es un carácter íntimo, una esencia, es la sustancia del hombre. Basta con saber qué hay en nuestro interior para darnos cuenta de que existe algo más allá de este cuerpo que tocamos, una fuerza interna que nos impulsa y nos da un propósito y un significado a la vida y la existencia.

Gracias a que tienes espíritu podemos sentir que somos algo más allá que la materia, somos algo más allá que simplemente una cosa que ocupa un lugar en el espacio.

Conectarse con esa fuerza es lo que podemos llamar espiritualidad, hay personas que viven sin un propósito y solamente se levantan en la mañana, se hacen el desayuno, si acaso van al trabajo, cumplen con sus labores, regresan a almorzar y luego se vuelven a acostar para volverse a parar al día siguiente.

Entonces la vida se le hace un ciclo sin fin, y llega el momento en el cual el alma empieza a tener la necesidad de manifestarse y empezamos a buscar respuestas

Nos preguntamos…

¿Está es la vida?

¿Es solo levantarse para cumplir mis labores y volverse a dormir indefinidamente hasta que llegue la muerte?

¿No hay un sentido más allá?

¿Algo que nos impulse y que nos haga sentir en plenitud?

Cuando esto ocurre y empezamos a hacernos preguntas, nos damos cuenta de que realmente estamos desconectados con nuestra espiritualidad, incluso a veces también con nuestra mente y por ende también estamos desconectados del verdadero propósito humano de la soledad.

Cuando esto ocurre debemos buscar esta reconexión con nosotros mismos. Cómo cuando uno de los cables del sistema electrico de nuestra casa se escapa, entonces el bombillo no prende y la electricidad no llega al tomacorriente, así mismo es nuestra vida, nuestro ser, si alguna de las partes se desconecta no podemos desarrollar salud, felicidad ni paz para nosotros ni para el resto de las personas que nos rodean.

Prácticas espirituales

La espiritualidad forma parte del ser humano como ya lo habíamos hablado en el punto anterior, y se logra con uno mismo, pero existen diferentes manifestaciones para sacar a flote esta espiritualidad que tenemos dentro de nosotros mismos y que gracias a que nunca la sacamos o que nunca nos hemos puesto a pensar lo que hay dentro de nosotros, existe un desequilibrio que realmente no nos deja llegar a la felicidad plena. Este lenguaje que nos conecta con el sentido del ser humano; conecta nuestro cuerpo y nuestra alma, se puede manifestar a través de técnicas que nos ayuden a encontrarnos con nosotros mismos y hacernos buenos amigos de nuestro yo.

Realmente es muy fácil ser amigo de nuestros vecinos, de nuestros compañeros de trabajo, tener amigos en escuela y estar con ellos, pero conocernos a nosotros mismos y viajar internamente hacia nuestra alma es bastante difícil. Aveces existe un divorcio entre nuestro cuerpo, nuestra mente y nuestro espíritu que al final suele ser el ruido en nuestro cerebro que nos hace sentir mal cuando no estamos con más personas a nuestro lado.

Es por ello que en este momento quiero enseñarte algunas técnicas que nos ayudan a conectarnos en ese espíritu, con nuestra propia compañía y con nuestro interior.

Esas técnicas existen desde siempre, y hoy tu puedes hacerlas parte de tu vida…

La meditación y la oración

Meditación

La meditación conecta el espíritu con el cuerpo y sus efectos se notan rápidamente, también conecta con la espiritualidad uniendo lo que es el ánimo del ser humano y sus efectos se van a notar siempre en la actitud personal de quien medita. El que practica esta técnica siempre va a estar mucho más conectado con su parte anímica y se va a entender mejor lo que es la felicidad y paz.

Una persona que medita es capaz de tener un mayor autocontrol, por lo que puede ser el primer paso para disciplinar su vida, mente y cuerpo sin depender de las demás personas.

Alguien que medita se encuentra más cerca a saber dominar su soledad y convertirla en el motor de su vida.

Uno de los principales beneficios de la meditación es que fomenta la gratitud, cuando meditamos nos damos cuenta de todas las cosas y acciones que tenemos que agradecer en la vida, en el momento en que nos encontramos, agradecemos por la vida, por la mañana, por lo que nos comemos, por las personas que nos encontramos en el camino, dejamos de lado cualquier tipo de resentimiento no superado por algún hecho del pasado, aprendemos a agradecer el presente y nos olvidamos también de la incertidumbre que puede tener el futuro, por lo tanto, podemos decir que la meditación es un ingrediente que conecta con el estilo de vida de las personas.

Una de las técnicas más usadas en estos días para la meditación es el *mindfulness,* el mismo es un recurso universal que se ve en casi todos los países del mundo y que ha demostrado ser una práctica de meditación muy beneficiosa que deberías incorporarla a tu vida.

Tal vez en algún momento has sentido alguna duda, angustia o preocupación que afecta tu estado de ánimo, puedes estar tranquilo en tus actividades cotidianas y de repente sentir alguna tristeza o preocupación, una especie de agitación.

A todos nos ha pasado que nuestras emociones cambian de un momento para otro, en ese sentido, la meditación puede ayudar a reconocer este cambio de emoción o reconocer esa emoción y tener un mejor autocontrol para de esta manera evitar que se transforme en otra más fuerte y que nos afecte el momento, en otras palabras, la meditación nos ayuda a tener el mayor grado de inteligencia emocional y nos aísla un poco de los factores externos, de lo que está pasando, de las personas, manteniendo la paz dentro de nosotros mismos.

"Estar quieto" y "No hacer nada" son dos cosas diferentes…

Sr. Han. Karate Kid

Muchas veces, como ya lo hemos dicho, podemos estar acompañados de personas y aun así sentir que estamos solos o podemos estar solos sin estarlo realmente.

Pero...

¿Por qué estamos enfocados en ello?

Nos enfocamos en toda esa bulla a nuestro alrededor y no nos damos cuenta de que es muy importante, que podamos realmente vivir la soledad y estar en conexión con nosotros mismos, a pesar de lo que pasa en nuestro entorno, para poder conocernos y sentir cómo vamos, cómo estamos, qué cambiar y qué podemos hacer para lograr la felicidad.

Solo logrando primero nuestra propia felicidad, podremos irradiar y compartir nuestra felicidad con las demás personas.

¿Qué nos enseña el mindfulness?

¡Vivir el presente!

Vivir el presente nos ayuda a vivir mejor, mientras que nosotros vivamos en el pasado, ahogados en traumas, si nos trataron bien o mal, emocionalmente seguiremos en ese pasado quejándonos, sin poder disfrutar ese regalo que nos da la vida, que es el minuto que estamos viviendo. Por lo tanto, estamos perdiendo parte de nuestra vida.

No poder superarnos y no poder crecer sin la compañía de otras personas es el equivalente a ser niños eternamente y habernos quedado en esa burbuja.

Había un señor el cual siempre estaba triste o de mal humor y ante cualquier pregunta que le hicieran, contestaba de manera sarcástica y grosera, cuando le preguntaron que por qué se sentía de esa manera,

Él abiertamente contestó que de niño su madre lo golpeaba

-¡Guaoo!

Y cuénteme ¿cuándo le ocurrió esto? –preguntó el facilitador.

-Cuando yo tenía 6 años - contestó.

Y qué edad tiene ahora.

-Tengo 55 años

Contestó ante la mirada de asombro de todos.

¿Es posible que se pueda pasar 49 años de nuestra vida estancados, en un evento del pasado?

Cuántas horas, minutos y segundos, amigos, parejas, relaciones familiares, ha perdido este señor, por un evento con su madre que pasó años atrás.

¿Te ha pasado esto?

Estoy seguro de que sí, a todos nos ha pasado, solo que en diferente medida y forma...

Es por ello la importancia de la técnica que nos ayuda a concentrarnos en el ahora.

De igual forma vivir en el futuro nos genera un grado de ansiedad, empezamos a imaginarnos cosas,

Que nos dejará nuestra pareja...

Que sí perderemos el trabajo,

Y tantas cosas generalmente dañinas para nuestra salud mental.

Entonces en ese momento dejamos de vivir el momento que estamos viviendo por cosas que ni siquiera sabemos si vamos a pasar o no; de hecho, el 99% de estos eventos que imaginamos, jamás ocurren y en ese camino hemos perdido parte de nuestra vida, en un futuro que realmente no nos pertenece.

Se recuerda el caso de aquella mujer que pensó que tenía covid-19 y que sus pulmones no iban a funcionar; de hecho, así fue, la mujer terminó muriendo a pesar de encontrarse en perfectas condiciones, así nos pasa cuando empezamos a pensar en el futuro y en lugar de verlo de manera buena, de manera optimista, lo vemos con espíritu apocalíptico, con espíritu de muerte y enfermedad.

La técnica de la Higiene mental nos enseña que debemos mantener en buen estado nuestra mente, así como higienizamos nuestro cuerpo bañándonos, cepillando nuestros dientes, para andar siempre limpios y con buena salud.

Pero... ¿cómo se hace esto?

Puedes pensar que nuestro cerebro no es algo que podamos abrir y con un cepillo, limpiarlo, ¿verdad? Entonces no tiene nada que ver agua y jabón, pero sí con ir botando y apartando las cosas que no usamos, y manteniendo nuestra paz emocional.

Parte de esa higiene es mantenemos *en el presente*, eso nos ayuda bastante a no perder energía, a no seguir recordando cosas que no vamos a cambiar.

Nosotros como seres humanos estamos acostumbrados a sacar conclusiones a partir de lo que ocurre en cada situación que vivimos, nuestra mente no deja de estar agitada juzgando cada momento, meditar nos ayuda a estar tranquilos con nosotros mismos, nos enseña a mantenernos en paz en nuestra soledad y nos otorga la sabiduría emocional de ser observadores en un mundo caótico sin tratar de entenderlo todo.

"No hay mejor sensación que crear algo que ayude a alguien a crearse a sí mismo"

Algunos ejercicios para iniciarse en el mindfulness

1. Respiraciones profundas: Es bien sabido que la mayor parte de las personas no sabemos respirar correctamente y no nos damos cuenta de esta situación hasta el momento en que tenemos algún problema de salud, uno de los principales problemas que tenemos es que aprendemos a respirar por la boca, trayendo como consecuencia la falta de oxígeno en el cerebro, lo que no nos permite pensar bien y concentrarnos.

Entonces, una de las principales técnicas de esta meditación es realizar respiraciones profundas y esto se basa simplemente en llevar la atención a la respiración; es decir, hacerse consciente que la respiración es un acto cíclico que nos mantiene vivos y conectados en todo momento con el presente, es la unión de nuestro cuerpo con el aire que nos rodea.

*. Actívate boca arriba en la superficie estable, lo más cercano al suelo (la energía de suelo, de la tierra, nos ayuda a disminuir esa energía negativa que podamos tener)

*. Coloca tu mano derecha sobre tu pecho, debes sentir los latidos de tu corazón. La otra mano la podrás colocar en tu diafragma o abdomen. Si quieres puedes colocar música relajante o alguna que te ayude a relajarte, con la que te sientas bien.

*. Cierra tus ojos y empieza a respirar el oxígeno por tu nariz, tratando de llevar aire hacia tu vientre, sintiendo como este se hincha.

*. Una vez sientas que tu vientre está hinchado, acaba de llenar todos tus pulmones hacia tu peso, también hazlo despacio contando los segundos y aguanta durante dos segundos la respiración.

*. Luego exhala por tu boca lentamente durante los mismos segundos que tardaste en inspirar.

*. Repite el proceso durante unos minutos.

2. Observa tu pensamiento: La meditación Oriental tiene el objetivo de dejar la mente en blanco, deteniendo los pensamientos por un momento, sin embargo, esto resulta un poco inalcanzable en la sociedad actual. Entonces esta técnica trata de jugar con la atención focalizándose en algo concreto, colocar tu atención en una sola cosa, olvidando el vaivén de los pensamientos y la dispersión. Ya se dijo que la distracción no nos permite enfocarnos en lo que realmente queremos.

3. Identifica tus emociones: Esto es muy importante, porque los pensamientos van a despertar tus emociones, ya que vienen acompañados de ellas, si durante tu ejercicio piensas en algo triste o algo bueno, entonces no podrás enfocarte en tu meditación.

Por esta razón es importante mantenerlo enfocado en la vida, siempre estamos buscando instrucciones manteniéndonos ocupados para no tener tiempo de pensar en las cosas que realmente pasan en nuestro interior, nuestro pensamiento, por esta razón es que nos quedamos viajando la guardia de emociones que tenemos acumuladas.

4. Utiliza la visualización: Podemos usar técnicas de visualización para facilitar el control mental.

En nuestra mente, tenemos una memoria de sensaciones vinculadas a imágenes, colores y olores, los cuales podemos visualizarlos para llenarnos de sensaciones agradables y de calma.

La Oración.

Un día encontré este pensamiento y te lo quiero compartir...

"Es necesario pasar por el desierto y permanecer en él para recibir la gracia de Dios: Es en el desierto donde uno se vacía y se desprende de todo lo que no es Dios, y donde se vacía completamente la casita de nuestra alma para dejar todo el sitio a Dios solo... Es un tiempo de gracia. Es un período por el que tiene que pasar necesariamente toda alma que quiera dar fruto; es necesario este silencio, este recogimiento, este olvido de todo lo creado, para que Dios establezca en el alma su Reino, y forme en el alma el espíritu interior, la vida íntima con Dios, la conversación del alma con Dios en la fe, la esperanza y la caridad... Es en la soledad, en esta vida solo con Dios, en el recogimiento profundo del alma que olvida todo lo creado para vivir solo en unión con Dios, donde Dios se da todo entero a quien se da todo entero a Él".

Podemos definir la oración como la conversación con Dios, cuando nos comunicamos con él, para darle las gracias, o pedirle algo. Incluso todos aquellos que no creen en Dios lo hacen a través de su conciencia, es ese momento de espiritualidad cuando estamos solos donde se da la verdadera magia, cuando el mundo muchas veces se cae o cuando repentinamente sucede un milagro inexplicable en sus vidas, o cuando un familiar sana y hasta el más incrédulo sabe que hay algo o alguien que hizo posible tal milagro.

Eso es orar

Cuando una persona ora, entra en una relación personal de amistad con Dios.

Ejercicios De Oración.

Lo primero en la oración es el recogimiento, el recogimiento equivale a la soledad, a buscar estar solos con nosotros mismos en nuestro interior. Recogimiento es quedarnos en paz por un momento y estar solos con nuestra alma, hacer que los ruidos exteriores no nos molesten y nos distraigan.

En primer lugar, debemos imaginar lo que queremos agradecer y luego lo que queremos conseguir, puede ser incluso con la ayuda de una imagen, a veces es difícil y no podemos imaginarlo, pero podemos hacer el intento de sentir y conectar con nuestra alma para luego sentir aquella paz inmutable que es capaz de conseguir nuestros sueños más anhelados. Que es capaz de sentir plenitud incluso cuando el mundo se nos viene abajo.

Las leyes universales son únicas, es por ello el gran poder que tiene conectar con nosotros mismos.

Una vez que puedas conectar contigo mismo no volverás a sentir la necesidad de estar acompañado porque sin importar las circunstancias de tu día estarás bien contigo mismo.

Sabrás entonces y tomarás conciencia de que, a pesar de estar solo, siempre estarás con la mejor compañía del mundo…

Contigo mismo...

A veces puede tomar un poco de tiempo, lo principal es que dediquemos ese tiempo para que también nuestro cuerpo pueda conectar.

Debemos tener esta integración de cuerpo, alma y mente.

Para tener relajado el cuerpo debemos estar tranquilos y serenos, soltando un poco los brazos y las piernas, sintiendo cómo se liberan las energías que tenemos reprimidas en nuestro cuerpo.

¿Alguna vez se han sentido contraídos o con el cuerpo pesado?

Para controlar eso, debemos tratar de relajar nuestras piernas, nuestros brazos, lo más que podamos, nuestra nuca, aflojar los ojos y relajar los músculos de la cara y de la frente. Una manera de relajar esos músculos es dando pequeños giros en toda dirección con la cabeza hacia adelante y hacia atrás, eso también nos va a ayudar a la concentración.

Luego debes controlar la mente, debemos estar tranquilos y concentrados, callando todas esas voces internas que podamos tener, es por ello lo importante de estar en un sitio donde evitemos algo que nos distraiga, podemos repetir la palabra paz y hacer ejercicios de respiración y expiración tal cual lo hicimos en el punto donde tratamos la meditación.

Debemos ir sintiendo esa sensación de paz, una sensación sedante de tranquilidad que va inundando primero nuestro cerebro y va recorriendo ordenadamente todo nuestro organismo, mientras vamos pronunciando la palabra "paz".

Después de buscar la concentración, después de estar tranquilo y quieto tratando de soltar todos los ruidos lejanos, por los próximos 5 minutos, habremos encontrado el primer beneficio que nos da "La Magia de Estar Solos"

"De madrugada, cuando todavía estaba muy oscuro, se levantó, salió y fue a un lugar solitario, y allí se puso a hacer oración" -San Marcos 1,35

La Búsqueda Del Significado

Aborda cómo la soledad puede ser un momento para explorar cuestiones existenciales y el propósito de la vida.

El significado y propósito de la vida, el sentido de la vida, es una pregunta que ha sido bastante debatida por un sin fin de personajes, entre ellos filósofos, psicólogos y pensadores que a lo largo de la historia han reflexionado sobre este tema tan importante, pero realmente no son ellos los que nos indican cuál es este sentido de la vida, porque cada uno de nosotros tiene un propósito y un significado diferente, lo primero que tenemos que saber es que somos seres únicos e inigualables, así como nuestra huella digital es única y no hay otra igual, así somos cada uno de nosotros en nuestro existir.

Por lo tanto es cuestión de nosotros encontrar ese sentido y significado que tiene nuestra propia vida, sólo de esta manera podemos estar motivados y saber de dónde venimos y hacia dónde vamos.

Así como el sentido de la vida cambia de una persona a otra, también llega el caso de que cambia de un momento a otro y de una etapa a otra. No es lo mismo el sentido de la vida desde el punto de vista de un niño de seis o siete años, qué el sentido de la vida de un adulto joven o de un adulto mayor, cada uno tiene metas que irán dándole un sentido a nuestra vida.

El sentido de la vida para nosotros, es nuestro motor, es lo que nos motiva a levantarnos cada día.

Vivir en piloto automático

Existe ese combustible que nos hace luchar por lo que realmente queremos, levantarnos con esa sonrisa y acostarnos con la satisfacción de estar haciendo lo que nos gusta.

¿A dónde vamos?

¿Qué queremos lograr?

¿Qué nos motiva?

¿Qué nos hace sonreír?

¿Qué nos hace llorar?

Nuestra responsabilidad es encontrar ese sentido para poder ser felices plenamente.

Sin un sentido y una motivación no lograremos encontrar la felicidad.

La construcción de ese nuevo sentido de nuestra vida puede llevar mucho tiempo y esfuerzo, mientras más tardemos en encontrarnos, mientras más nos demoremos a aprender a estar solos, más profundo serán nuestros sentimientos de vacío, es por eso, que es importante reflexionar todos los días, a cada momento, si vamos bien.

Muchas veces vamos caminando, vamos viviendo, van pasando los días y se nos olvida cuál es el sentido o mejor dicho, estamos tan metidos en las actividades cotidianas que no nos damos cuenta el momento justo en que perdimos la brújula, cuando esto ocurre y llega un momento en que nuestra vida no avanza, no sentimos alegría, no sentimos motivación...

¿Por qué?

Porque hemos dejado de estar conectados con nuestro espíritu. Entonces aprendemos a vivir solo con el cuerpo y la mente y abandonamos el alma y el espíritu, por lo tanto, perdemos el sentido y la motivación, nos convertimos en una especie más del reino animal, perdemos esa esencia que nos caracteriza como seres humanos de ser capaces de generar cambios, de ser capaces de vivir como lo hacían los antiguos guerreros romanos, de ayudar a la creación de un mundo mejor y de construir la vida de nuestros sueños, sabiendo que todo lo que necesitamos para lograrlo es a nosotros mismos.

Si nos ponemos a estudiar el sentido de la vida de cada una de las personas que conocemos desde nosotros mismos, nos damos cuenta de que hay algo en común. La mayor parte de estas motivaciones se trata del servicio, de sentirnos importantes, de sentir que aportamos algo a la humanidad que va desde la individualidad a la colectividad.

CAPÍTULO III

ENCONTRANDO EL SENTIDO DE LA VIDA

"La capacidad de estar solo es la capacidad de amar."

– Osho

Muchas veces queremos encontrar ese sentido de nuestra vida, esa razón de nuestra existencia, pero no nos damos el tiempo para conocernos y para reflexionar lo que realmente nos hace feliz, porque no sabemos estar solos.

Pasar tiempo contigo, puede ayudarte a escuchar tu voz interior y descubrir aspectos de ti que no conocías, debes empezar primero a autoconocerte, saber cuáles son tus fortalezas y tus debilidades, estar un tiempo a solas reflexionando, te podrá ayudar a saber más de ti, podrás hacer una lista de las cosas que te hacen sentir bien, y también las que te hacen sentir mal y de aquí en adelante ir avanzando en encontrar ese sentido a tu vida, ese sentido que te hará sentir pleno.

Cuando estés solo, date la tarea de reflexionar sobre algunas preguntas.

¿Me levanto cansado y de mal humor?

¿Por qué no tengo energía?

¿Cuál es el sentido de todo esto?

¿Me he sentido apático en algún momento?

¿Me he sentido desanimado?

Debes reflexionar, si tú has contestado afirmativamente alguna de estas preguntas…

¿Por qué te estás sintiendo así?

Debe estar claro el tiempo desde el cual te estás sintiendo de esa manera, cuánto tiempo ha pasado desde que empezaste a perder el rumbo.

Recuerda, que cuando hablamos del sentido de nuestra vida, lo primero que tenemos que hacer es tener un tiempo solo con nosotros mismos y en este tiempo, reflexionar.

¿Qué hacemos cuando nos levantamos en la mañana?

¿De qué trabajas?

¿Dónde y con quién?

¿Cómo te llevas con las personas que te rodean?

¿Qué haces en tu tiempo libre?

¿Qué comes?

¿Cuánto tiempo dedicas a estar contigo y en silencio?

¿Cómo te hablas a ti mismo?

¿Qué piensas de ti?

Muchas veces estando solos es cuando encontramos verdaderamente sentido a nuestra vida, nos redescubrimos, porque solo estando solos

descubriremos nuestra pasión, nuestro propósito y motivación, nuestra propia razón de ser.

"El Poder Está Dentro De Ti"

Encontrando la paz en la soledad

¿Cómo encontrar la paz interior a través del silencio y la tranquilidad?

Si buscamos el concepto de silencio podemos encontrar, en cualquier diccionario, que *"es el estado en el que no hay ningún ruido o no se oye ninguna voz"*, pero llama la atención que también hay un concepto que indica que el silencio *"es la ausencia de noticias o palabras sobre un asunto"*, es decir, el silencio no es solamente la acción física de no sentir ruido, sino también en el sentido de no agitarse, con lo que podamos saber o estar viendo, el silencio tiene mucha relación con la paz y con estar solos.

Mira esta fórmula

SILENCIO + TIEMPO CONTIGO MISMO = PAZ

En la cual el silencio se puede entender por la ausencia de bulla interior, recogimiento y el tiempo a solas como ese estado de encuentro con nosotros mismos, eso se traduce en paz.

Es por ello la importancia de saber encontrar ese silencio para estar en paz con nosotros mismos, muchas veces hay mucho más ruido en nuestro interior que afuera, quizás se pueda decir que estamos en un bosque o en el desierto, donde generalmente no hay mucho ruido, pero por dentro sentir que estamos en el medio de una gran ciudad.

Nuestro cuerpo, nuestra alma y nuestra mente, pueden estar en constante ruido y agitación. Podemos llegar al punto de no escuchar nada con nuestros oídos físicos, pero por dentro estar con un sin fin de pensamientos que van y vienen y generan mil emociones. En ese momento sabremos que en nuestra mente no estamos en silencio, sino que al contrario estamos con un verdadero escándalo.

También ocurre que podemos estar en una ciudad sentados en una plaza cualquiera, en donde escuchamos las bocinas de los carros, las personas que pasan y hablan, otras que gritan, con el ruido de una fábrica y a la vez estar en silencio internamente, lo que nos ocasiona una paz infinita, aún en medio de toda esa avalancha exterior.

¿Cuál es la importancia del silencio en nuestro cerebro?

La neurociencia ha comprobado que la mente necesita silencio, siendo parte de la higiene mental que vimos anteriormente. El silencio tiene un poder sanador y crea un lugar seguro en nuestra mente, cuando logramos salir de esta agitación mental constante, la cual, nos genera muchos pensamientos que van y vienen, aprendemos a relacionarnos con nuestro interior de manera presente, se supone que cuando esto ocurre estamos muy cerca de crear una relación con nosotros mismos y nuestro entorno, pero sobre todo y primero con nosotros mismos teniendo esa conexión mente y espíritu de la cual hemos hablado hasta ahora.

Pero…

¿Cómo alcanzar el silencio en un mundo con tanto ruido como en el que vivimos?

Los ruidos van y vienen por todos lados, para alcanzar el silencio mental es importante dominar el poder de estar solos, que podemos lograr dominando los ejercicios de meditación y oración cotidianamente.

La clave no es quitar o evitar el ruido, al contrario, es saber vivir con él sin que nos toque; es decir, debemos pasarlo por alto hasta que poco a poco vayan dejando •de tener importancia para nosotros.

Algunos beneficios del silencio que han sido comprobados por la neurociencia, tienen que ver con el concepto de que el silencio nos ayuda inclusive a disminuir los problemas cardiovasculares, logrando experimentar menos estrés, a su vez nuestra capacidad cognitiva se acelera por lo que aprendemos más rápido, mientras reducimos nuestros los niveles de ansiedad.

Cuando vivimos en silencio durante el día podemos dormir profundamente durante la noche y por consiguiente podemos tener un mejor día.

¿Qué tiene que ver el silencio con la paz interior?

La paz interior es un sentimiento subjetivo; es decir, qué depende de cada persona. No es lo mismo la paz interior para mí que la paz interior para ti, pero nos trae algo en común y es el bienestar físico y sobre todo la calma mental y psicológica, en cuanto al abandono de los sentimientos negativos. Es sentirse tranquilo a pesar de todas las cosas que puedan pasar a nuestro alrededor.

La paz es un estado que nos lleva a una profunda tranquilidad en la cual nos vemos liberados de nuestras principales preocupaciones, nuestras tensiones, miedos, conflictos, sufrimientos y rencores del pasado o del presente.

La paz interior también implica que estemos conscientes de las maravillas de la vida, de sentirnos agradecidos plenamente y conectados con la naturaleza, agradecidos en cada momento, saber que somos conscientes de quiénes somos, dónde estamos y encontrarnos a gusto con ello.

Esto quiere decir que la paz interior no solamente es cuando estás en paz y tranquilidad en un momento determinado de tu día, sino cuando realmente estás confiado, en paz y te sientes tranquilo en medio de la adversidad.

1. Trabajar la paz primero.

Siempre que todo esté en su lugar encontraremos la paz; es decir, siempre estamos imaginándonos que estaremos en paz en el futuro:

"Estaré en paz cuando logré terminar mis estudios"

"Estaré en paz cuando salga de todas estas tareas pendientes"

"Estaré en paz cuando..."

Estas afirmaciones que nos dice la mente son completamente falsas, lo que es verdadero es que encontramos la paz primero y luego todo lo demás tendrá más sentido.

Podemos encontrar esa paz sin la necesidad de haber hecho todas esas cosas y cuando lo logres dejarás de estar en tensión y estaremos más identificados con lo que está en nuestra mente o en nuestra alma, recuerda que debe haber un equilibrio y que la balanza no debe irse más a la mente, porque simplemente, *la mente es infiel, de callejones sin salida* entonces lo que debemos hacer es unificar nuestro ser, para que a través de él encontremos la paz.

Dime si no te has preguntado qué la vida es demasiado difícil o que la vida suele ser incomprensible, si pensamos así, vamos a estar con problemas todo el día, la manera como asumamos esa dificultad depende de nosotros y de cómo manejamos ese problema interior del alma, del espíritu, es por ello que en este caso debemos dejar que este espíritu se conecte con la mente y los pensamientos que lejos de ayudarnos nos causan un verdadero desorden y descontrol en nuestro organismo.

2. Soltar el control.

Debemos tomar en cuenta que no somos capaces de controlar todas las situaciones; por lo tanto, eso significa que debemos vivir cada uno de los procesos y darnos tiempo para asimilarlo y saber que no todo depende de nosotros.

A la vez esto nos ayudará a vivir el presente porque...

¡Vivir es hoy!

3. Ve con calma.

Eres de esas personas que quisieras que un día tuviera más de 24 horas, vale la pena reflexionar si lo que estás haciendo, realmente lo estás disfrutando.

¿O estás perdiendo el tiempo y haciendo cosas por hacerlo?

No puedes estar en paz si lo que haces realmente no te gusta o no tienes satisfacción y felicidad.

Desconexión de la agitación: Estrategias para desconectar del ruido constante de la vida moderna.

Lo primero que hay que hacer para mejorar nuestros momentos en soledad es tratar de reducir las fuentes de ruido externo y tratar de disfrutar del silencio.

Existen personas que dicen que los oídos les duelen cuando no escuchan ruido y por eso ponen una música alta cuando están solos en casa. Esta decisión mental inconscientemente viene del miedo de encontrarse solo consigo mismo, o de escuchar alguna voz desde su interior que te muestre tus sueños, tus anhelos, tus debilidades y tus fortalezas.

Cómo sabemos, generalmente el miedo. Así que olvídate de esos mitos o límites que nos hemos puesto, y trata de reducir lo más que puedas los ruidos externos.

Lo segundo es reconocer los pensamientos desordenados que van y vienen, los pensamientos catastróficos y los pensamientos de inquietud que son un verdadero ruido mental y si no reconocemos que tenemos mucho ruido interno no podremos avanzar. Es como cuando un alcohólico no reconoce su problema, ten por seguro que jamás dejará de beber, así mismo, es esta situación, ya que no podemos curarnos de algo que ni siquiera sabemos que tenemos, por lo tanto, uno de los pasos principales para mejorar nuestros momentos en soledad es mejorar nuestra capacidad de controlar los ruidos mentales.

Debemos reconocer que existen para luego ir y atacar el problema de raíz.

Esto lo hacemos preguntándonos si realmente es posible gestionar o transformar una mente agitada en una mente reposada y serena.

Los pensamientos son producto de la mente y se producen por la influencia de:

· Lo que vivimos.

· Las situaciones por las que hemos pasado.

· Nuestras creencias limitantes.

· Los traumas pasados

· Las situaciones y noticias actuales

· La educación

El tercer paso es también que debes evitar los pensamientos repetitivos. Como bien se ha dicho un estado óptimo de soledad, demanda estar en paz. Muchos pensamientos pueden volver una y otra vez a nuestra mente y cuanta más atención le demos, será más fácil que se repitan y se repitan.

Una de las estrategias más efectivas es crear nuevos pensamientos que sustituyan a estos.

Una persona puede estar pensando todo el tiempo, al salir a la calle, que un perro le va a morder, constantemente vive con esa agitación, lo cual le genera una emoción super negativa de miedo, que se puede transformar en pánico. Esa persona puede limitar esa situación y cada vez que va a salir y tiene ese pensamiento repetitivo puede tratar de sustituir el pensamiento de que el perro la morderá y lo cambia por...

"los perros no muerden si no se encuentran en peligro"

Este pensamiento lo que busca es dar una explicación lógica que pueda ser interceptada por su cerebro como válida, no es suficiente un simple pensamiento "positivo" u "optimista" como *"ojalá no me encuentre con el perro"*.

Se necesita un pensamiento lógico para poder cambiar un pensamiento repetitivo.

Para saber si tienes pensamientos repetitivos puedes, incluso, estudiarte durante unos diez días e ir escribiendo en una libreta todos los pensamientos que tengas y que generen en ti una emoción negativa.

Puedes hacerlo de esta manera:

DÍA	PENSAMIENTO	EMOCIÓN

Para que exista un pensamiento repetitivo, debe generar un patrón obsesivo, imperativo, controlador, pesimista, y debe generarse una emoción de: rabia, frustración, impaciencia, y unos síntomas de mucha aceleración o nerviosismo.

Una vez más aquí, vemos cómo la mente puede influir en las emociones; es decir, en el alma y en nuestro cuerpo, generándonos esa aceleración de taquicardia, cansancio, agobio.

Hay pensamientos repetitivos, y te los vas a encontrar al llenar el cuadro, que son buenos, por ejemplo: la gratitud, la fe, el entusiasmo, estos pensamientos buenos o positivos nos ayudan a poder encontrar esa paz interior y disminuir esos ruidos internos. Tomemos en cuenta que ruido *"es un sonido no agradable"* si tenemos en nuestra mente pensamientos muy positivos, no estamos en silencio, pero tampoco estamos con ruidos que lo que hacen es agitar nuestra alma y quitarnos la tranquilidad, por lo tanto, habremos dominado el poder de estar solos por más ruido y personas que se encuentren a nuestro alrededor.

Cuando te sientas triste o aburrido…

¿Piensa en qué es lo que está pasando?

¿Qué pasa por tu mente?

¿En qué piensas?

¿En qué malgastas tus pensamientos?

Practica la escucha activa, así como decimos que hay normas del buen habla y que debemos aprender a escuchar a las personas que hablan, mirando a los ojos, estar callados mientras esa persona habla, también debemos escucharnos a nosotros mismos y estar atentos a los pensamientos que tenemos, evitando una respuesta inmediata o impulsiva a ese pensamiento. Por ejemplo, hay personas que son bastante impulsivas e inmediatas para accionar sin ningún pensamiento.

De igual manera debemos estar atentos a que estos pensamientos estén justificados, debemos tomar el tiempo para saber si el pensamiento está basado en algo real o no.

En resumen, es importante que aprendamos a escucharnos con atención, también a darnos cuenta de que es lo que hace que un pensamiento aparezca y qué emoción genera. Esto puedes hacerlo escuchando el mensaje corporal, entre ello la respiración, palpitaciones, etc.

Decídete a liberarte de esos ruidos internos, para ello es importante que reduzcas primero el ruido externo y busques un espacio que ayude a estar en silencio y tranquilidad, evitando distractores como el televisor, el movil o estando en sitios que nos recuerden las tareas que tenemos que hacer diariamente, ha llegado el caso de que personas que están en meditación, se colocan en un sitio donde, por ejemplo, se recuerdan que deben hacer una tarea porque se ubican cerca de la cocina...

Entonces se desvían de la meditación para hacer la tarea.

Tal cual con la meditación debemos utilizar la respiración como ayuda. Para realizar una buena respiración de exhalación e inhalación repetitivamente "inhalo y exhalo" nos ayuda a calmar la mente, eso sí, poniendo total atención a esa respiración.

¿Cómo utilizar la soledad para reflexionar sobre la vida y encontrar la paz interior?

La reflexión puede ser algo como un pensamiento o consideración de algo con atención para estudiarlo o comprenderlo bien, también puede ser considerado como una advertencia, un comentario o un consejo que pretende influir en alguien. La reflexión con el proceso de pensamiento nos permite exteriorizar los resultados de lo que podemos considerar de algo.

Cuando hablamos de la autorreflexión nos referimos a nosotros mismos o a esa reflexión que podemos tener de nuestro propio comportamiento y de nuestro mundo interior, y vale la pena hacer unas preguntas en marco a esta reflexión…

¿Cómo nos estamos comportando?

¿Cómo nos sentimos?

¿Realmente somos felices?

¿Qué limita que sea completamente feliz?

¿Cómo trato a las demás personas?

¿Me amo?

¿Realmente me acepto?

Esas son preguntas claves cuando queremos reflexionar sobre nuestra propia vida.

Otra de las preguntas que nos podemos hacer es…

¿Realmente hasta ahora he alcanzado lo que me he propuesto?

Podemos decir que la reflexión es parte importante y esencial en ese proceso de mejora continua que debemos tener, no vivimos y no podemos vivir estancados. La vida es como un viaje en el cual vamos caminando, eligiendo puertas, eligiendo senderos, que nos llevan a las metas y a eso que nos hace vivir a plenitud. Es un viaje que no es más que alcanzar el propio significado de nuestra vida y de nuestra existencia.

Autorreflexionar debe ser una actividad constante que ocurra en nuestra vida siempre, incluso diariamente cuando nos vamos a la cama en la noche. Debemos reflexionar sobre lo que hicimos en el día, que hice bien, qué hice mal, en que fallé, que pude haber hecho para que fuera mejor mi vida, que me faltó por hacer, es importante que siempre reflexionemos sobre nuestra actuación y sobre cómo podemos mejorar, siempre mejorándonos a nosotros mismos y alejándonos de las situaciones o personas que nos hagan sentir mal.

Tal vez en el día nos topamos con una de esas relaciones tóxicas que no nos hicieron sentir bien, reflexionar nos hace saber mas rápido que no es una relación saludable y podemos alejarnos de ella porque sabemos, una vez más, que la magia de estar solo es superior a cualquier compañía vacía.

Es por ello que decimos que la autorreflexión es la capacidad que tenemos de pensar en nosotros mismos y nuestros actos pasados, los presentes y cómo estos pueden afectar el futuro.

Puede decirse que ese viaje hacia la autorreflexión, ha sido olvidado quizás porque nos estamos ocupando mucho más de los demás que de nosotros mismos.

¿Cómo viajar a nuestro interior para lograr la autorreflexión?

Muchas veces hemos escuchado que debemos tomar unas vacaciones o cambiar de ambiente para poder encontrarnos con nosotros mismos, cosa que es falsa, porque a donde vayamos siempre nos vamos a llevar a "nosotros" y si no nos sentamos a viajar internamente no hay viaje que podamos hacer que nos ayude.

¡Estuve demasiado tiempo buscando a alguien que me acompañara, que fuera mi inspiración, que me entregase su amor...! ¡Solo me estaba buscando a mí mismo!

Mi mejor amigo - Zpu

En un viaje exterior no vamos a reflexionar sobre nosotros, en la mayoría de casos. Porque si nosotros no nos sentamos a bloquear los ruidos externos y tratamos de pensar y viajar a nuestro propio interior, a nuestra alma no podemos realmente alcanzar esa autorreflexión que necesitamos.

Recordemos siempre que el conocimiento está en nuestro interior y conocernos forma parte esencial de la autorreflexión, sí no nos conocemos, no podemos reflexionar sobre lo que somos y sobre lo que podemos alcanzar.

Entonces el primer paso de ese gran viaje es buscar las técnicas que nos permitan estar tranquilos con nosotros mismos para poder autoconocernos.

Luego de conocernos es importante que logremos reconocer las emociones a las cuales estamos expuestos, reconocer cómo manejamos esas emociones, cuáles son las emociones que más nos afectan y cómo podemos controlarlas. Sin inteligencia emocional no podemos llegar a un estado de autorreflexión verdadera, por tanto, el ser no pasa a ese viaje para la autorreflexión, debemos alimentar la inteligencia emocional y ser capaces de manejar y controlar nuestras propias emociones.

Un tercer paso es acostumbrarnos a tener diálogos internos, muchas veces empezamos a hablar solos o con el espejo...

¡Epa estás fallando!

O por el contrario…

¡Tú puedes, lo puedes hacer mejor!

No nos estamos volviendo locos, hablarnos a nosotros mismos y tener ese tipo de diálogos internos es muy útil para conocer nuestros errores, lo que nos gusta, las fortalezas y lo que nos hace ser mejores personas.

Solo construyendo una mejor versión de nosotros mismos, aceptándonos y amándonos, podemos construir relaciones armoniosas con las otras personas.

¿Estás disfrutando de este libro?

Si sientes que te está aportando valor y te ha ayudado de alguna manera, me encantaría contar con tu apoyo.

Te invito a que puedas dejar una reseña compartiendo tu experiencia.

Cada comentario es importante para mí y ayuda a que más personas puedan descubrir este contenido.

¡Gracias por tomarte el tiempo!

Tu opinión realmente me ayuda mucho y me motiva a seguir creando más proyectos como este.

¡Te lo agradezco de corazón!

CAPÍTULO IV

CONSTRUYENDO RELACIONES EN SOLITARIO

"El hombre que sigue a la multitud normalmente no irá más allá de la multitud. El hombre que camina solo probablemente se encontrará en lugares donde nadie ha estado antes."

– Albert Einstein

Construir relaciones estando solo, puede sonar contradictorio, ¿verdad?

¿Cómo es que vamos a construir relaciones estando solos?

Será que pretendemos hablar con fantasmas o estamos en medio de la canción de Ricardo Arjona:

"Acompáñame a estar solo...

Acompáñame al misterio de no hacernos compañía...

Acompáñame al silencio de charlar sin las palabras..."

Bueno, déjame decirte que esta canción se asemeja a lo que quiero expresarte en este capítulo, y en los que le preceden.

Estar solo por elección y las conexiones auténticas.

Vamos a explorar cómo la elección consciente de estar solo puede llevar a relaciones más auténticas.

Está comprobado que cuando amamos la sensación de estar solos, atraemos a la persona correcta, pero…

¿Por qué hemos hablado hasta ahora de cuando estamos solos?

Es porque nos gusta nuestra propia compañía, porque cuando estamos solos reflexionamos sobre lo que somos, incluyendo nuestras fortalezas y nuestras debilidades.

Cuando amamos el tiempo con nosotros mismos, aprendemos a no estar con una persona simplemente por necesidad de sentirnos acompañados, esto nos ayuda a no tener que aguantar una relación tóxica solamente para no quedarnos solos. Esto quiere decir que cuando amamos el tiempo en solitario nos sentimos bien estando solos con nosotros mismos, es mucho más fácil desprendernos de cualquier relación, que no nos aporte paz, ni felicidad.

Por el contrario, cuando no nos amamos a nosotros mismos, nos importa más que otros nos quieran para sentirnos realizados, buscando relaciones por miedo, a no ser amados y también para huir de nuestra propia soledad, porque simplemente no nos queremos, no nos entendemos y no nos conocemos.

Así que lo primero que debes hacer es enamorarte de ti, querer pasar tiempo contigo, mirarte al espejo cada mañana y ver tus imperfecciones, tus defectos, lo natural que eres y esconderte del ruido mental, hay que seguir pensamientos positivos y buscar en el interior lo que realmente queremos de la vida y hacia dónde vamos.

Al estar solos, sabemos lo que nos hace feliz, podemos limpiar nuestra vida y todo aquello que no nos aporta nada, incluidas las personas que nos vamos encontrando en el camino y que no nos suman.

Esto tiene mucho que ver con la dependencia emocional, ya que muchas personas que sienten miedo a la soledad, suelen sentirse desprotegidos y desamparados, y por eso son completamente dependientes de la pareja aún sintiéndose bajo amenaza.

El detalle aquí es que para una persona que tiene dependencia, ninguna amenaza es mayor al de sentirse solo, motivo por el cual busca una relación que le pueda hacer compañía teniendo expectativas que no logran satisfacer por sí mismos.

Aprendiendo a estar solo

Estoy seguro de que encontrarás a la pareja perfecta, al igual que cultivarás muy buenas relaciones y amistades de familiares, ya que cada vez que estés con tu pareja lo harás porque quieres y no porque lo necesitas.

La relación consciente de querer estar solo te llevará a relaciones más auténticas y sanas, es un círculo no vicioso, es un círculo positivo en tu vida en el cual vas a ser plenamente feliz.

¿Cómo la autoaceptación contribuye a relaciones más saludables y auténticas?

La autoaceptación es clave para el bienestar emocional de cada uno, como ya hemos dicho, es aceptarse a sí mismo, con lo bueno y lo malo, con todas las actitudes y defectos que podemos tener y reconocerse como un ser humano único y valioso.

No significa que se deba estar contento con todos los aspectos de su persona, al contrario, significa que te des cuenta de tus aspectos negativos también, de tus errores y no juzgarte ni castigarte por ellos.

Por lo tanto, implica ser auténtico y fiel con uno mismo.

Cuando no te aceptas a ti mismo, siempre vas a tener la presión de adaptarte a las expectativas de los demás, siguiendo los deseos ajenos y sus necesidades antes que las necesidades propias.

Así que aceptar y valorar es fundamental para desarrollar una autoestima saludable, es establecer buenas relaciones entre las que se encuentran las familiares, sociales y sentimentales.

A lo largo de este camino, hemos aprendido cómo escucharnos a nosotros mismos, a nuestros pensamientos y a nuestros sentimientos, eso significa que debemos tomar el tiempo para reflexionar, conocernos para llegar a la verdadera aceptación.

Fomentar conexiones significativas

Tener relaciones auténticas cuando estamos solos, o mejor dicho cuando nos amamos realmente y nos sentimos a gusto con nosotros mismos es muy fácil ya el simple hecho de ser felices con nosotros mismos, nos convertirá en un imán que atrae gente con la que realmente vale la pena relacionarse, porque no vas a estar con una persona o no vas a atraer una persona por la necesidad de sentirte acompañado, sino al contrario, lo harás por vivir un camino juntos.

Será simplemente por amor, por querer estar con esa persona, no vas a estar en un tipo de relación que no te traiga alegría ni paz, y cuando sientas que una relación te trae problemas o inseguridades, vas a poder alejarte sin miedo, porque no sientes temor a la soledad.

Relaciones auténticas y duraderas.

1. Aceptación, acéptate a ti y a los demás tal como son, ese es el primer paso para atraer las relaciones auténticas, las relaciones que nos sumen y no nos resten. Ya nos aceptamos a nosotros mismos, entonces ahora es mucho más fácil aceptar a los demás tal como son.

2. Naturalidad, Cuando nos conocemos y cuando nos gusta estar con nosotros mismos, es mucho más fácil actuar con naturalidad; es decir, es mucho más fácil no mentir con respecto a nuestra propia personalidad. Cuando sentimos miedo a la soledad y miedo a estar solo, la mayor parte del tiempo estamos mintiendo en nuestra personalidad para parecernos a otra persona y poder ganar su amistad por miedo a perderla, por lo tanto, cuando somos auténticos, es más fácil mantener una relación duradera.

¡La vida nos traerá personas que realmente nos amen por lo que somos!

Al final siempre vamos a estar acompañados de la persona más importante de nuestra vida, ¡Nosotros mismos!

3. Humildad, ser humildes y aceptar nuestros defectos, nos ayuda a tener relaciones auténticas y duraderas, porque también vamos a aceptar los defectos del resto convirtiendo nuestras actitudes en obras de amor.

4. Admite tus errores, una de las principales actitudes que no nos dejan tener amistades auténticas y duraderas que forman parte del punto anterior, como la humildad, es no querer aceptar cuando nos equivocamos. Es muy importante que podamos admitir nuestros errores y eso debe formar parte de esa autorreflexión de la que hablamos cada noche. No hay nada peor que una persona que no acepta cuando se equivoca. Es importante aprender a pedir perdón a nosotros mismos, a nuestra propia familia y a nuestros amigos.

5. Autenticidad, quizás una de las características que importa mucho más es la autenticidad. Muchas personas van a tratar de ser tan auténticos como nosotros, especialmente si nos mostramos a nosotros mismos como somos.

Conexiones enriquecedoras

¿Cómo la soledad fortalece tus relaciones?

Nos pasamos el día rodeado de personas ya sea de manera física, en nuestras labores, trabajo o estudios y también de forma virtual, es muy poco común que hagamos alguna actividad solos, es muy difícil inclusive encontrar a una persona sola en el cine o tomando un café o simplemente sentado en una plaza. De alguna forma, los pocos momentos que estamos solos tendemos a sacar nuestros teléfonos, ver noticias, entrar en las redes y empezamos a responder nuestros mensajes.

Bien, es sabido que estar acompañado es muy importante y las relaciones con las demás personas dan sentido a nuestra vida, el problema se da cuando estamos tanto tiempo acompañados que no somos capaces de estar con nosotros mismos.

Por eso es importante para fortalecer las relaciones que tenemos, tomarnos el tiempo para estar con nosotros mismos y tomar un respiro.

Seguro te sonará familiar...

"Vamos a darnos un tiempo"

Esta frase, refleja el escape que te dicta tu mente, como consecuencia de haber estado muchísimo tiempo con alguién, enjaulados en la rutina.

Si aprendemos a tener momentos de soledad, cuando estemos con nuestros familiares, amigos o pareja, vamos a aprovechar mucho más el tiempo compartido.

Otro de los beneficios que nos trae poder disfrutar un tiempo a solas es el fortalecimiento de las relaciones con otras personas, cuando compartimos nuestro tiempo, lo haremos con voluntad y no por necesidad. De igual forma, es importante que podamos transmitir nuestras experiencias a las personas con las cuales compartimos, ya que de esta manera ellos también podrán disfrutar y ver el mundo de diferentes formas. Podrán disfrutar de esa soledad que hoy puedes disfrutar tú, y al hacerlo sabrán lo importante que es pasar tiempo con uno mismo.

"No es lo mismo estar solo por un momento en el día, a estar solo día tras día, noche tras noche"

Es importante que conozcas que si quieres un momento a solas es porque quieres cultivar tu propio "yo", quieres entrar en lo que es la autorreflexión.

Con esto vas a ser capaz de fortalecer tus relaciones de pareja, familiares, laborales e interpersonales.

Tus momentos contigo mismo son los mejores regalos que vas a poder entregar al mundo.

Los momentos en soledad no solo permiten que tu mundo interior sea mejor, sino también logra que tu mundo exterior y el de los que te rodean, sea mejor.

CAPÍTULO V

EL PODER DE LA AUTODISCIPLINA

"La soledad no es la ausencia de compañía, sino el momento en que nuestras almas tienen la libertad de hablar consigo mismas."

– Friedrich Nietzsche

La Autodisciplina es un valor que es necesario para obtener un proceso de cambio interno, y para obtener lo que queremos en la vida.

De esto dependerá el logro de nuestras metas y objetivos de vida

Pero...

¿De qué sirve tener un plan, de qué sirve saber lo que queremos alcanzar en la vida si no lo acompañamos con la autodisciplina?

Es la disciplina la que nos ayuda a cumplir nuestros objetivos y también nos da fuerza para continuar permanentemente en el mismo camino en el que vamos a pesar de las adversidades del día a día.

Si no tenemos disciplina muy probablemente solo podamos cumplir todas estas metas un día, dos días, una semana y si somos bastante optimistas, quizás uno o dos años.

"Sin la disciplina, un objetivo es simplemente un sueño"

Entonces la autodisciplina nos llevará a cumplir nuestras propias reglas internas, incluso cuando no queremos hacer lo que debemos hacer, incluso cuando se nos hace difícil o lo consideremos fastidioso e imposible.

Tener disciplina es mantener nuestra fuerza de voluntad, constancia y paciencia para poder llegar a nuestros objetivos y mantenernos en control de nuestras acciones.

Si no somos autodisciplinados, impactamos negativamente en nuestra vida, ya que al no tener reglas claras, no seremos capaces de cumplir nuestros objetivos por la simple razón, de que empezamos a hacer algo y no lo terminariamos.

Una parte importante en la autodisciplina es la creación de hábitos positivos en nuestra vida. Por ello la importancia de establecer objetivos y perseverar en ellos.

Estableciendo objetivos y Perseverando.

El primer paso para obtener autodisciplina es el establecimiento de objetivos.

Debemos establecer objetivos en cada uno de los aspectos de nuestra vida. En nuestro día a día, incluso al levantarnos, aunque no seamos conscientes de ellos, tenemos objetivos que cumplir, como por ejemplo llegar al trabajo, realizar un informe pendiente, preparar un rico almuerzo, así podemos ver como hay objetivos a corto, mediano y largo plazo, pero hablando de objetivos más trascendentales y en especial los de largo plazo, no podríamos alcanzarlos sin disciplina.

Por ello siempre digo que es primordial establecer los objetivos y fijar el tiempo que necesitamos para cumplirlos.

Ser constantes para alcanzar una meta que puede ser a corto, mediano o largo plazo.

¿Cómo establecer objetivos claros y planificar para lograrlos?

"Cuando sabes cuál es tu blanco específico, sabes a qué cosas decirle no y a qué cosas decirle sí"

Para que los objetivos puedan ser cumplidos es importante tenerlos claros y bien definidos.

Las Metas

Una meta debe ser específica; es decir, debe ser clara y estar centrada en lo que realmente queremos, no puede ser ambigua. Esto nos ayudará a poder estar enfocados en lo que tenemos que hacer en el momento presente. También debe ser medible, o sea, que debe contar con un nivel de ponderación o una escala de valor que nos permita conocer cuánto vale.

Si decimos que nuestra meta es aprender un nuevo idioma y no decimos en cuánto tiempo lo haremos, podríamos pasar toda la vida tratando de hacerlo ¿verdad?

Como no tenemos un tiempo establecido, siempre tendremos la meta sin cumplir porque no hemos establecido una medición para esa meta.

También la meta debe ser alcanzable, no podemos colocar una meta que no podamos alcanzar porque en lugar de representar una ayuda hacia nosotros, va a ser un potencial desmotivante. Al final terminaremos dándola por perdida y la abandonaremos.

La meta también debe ser realista.

Debemos tener metas que seamos capaces de conseguir en un tiempo determinado. Esto no quiere decir que debemos hacer que todas nuestras metas sean fáciles, pero debemos guardar relación con la consciencia lógica de que sean metas que sí se puedan conseguir en un tiempo oportuno.

Establecer metas irreales y no oportunas solo nos llevará hacia una sensación de fracaso constante.

¿Cómo podemos ayudarnos a marcar metas y objetivos?

Primero

Enfocarnos: Es decir, marcar nuestro norte y siempre dirigirnos a ese norte, y por más que el viento mueva nuestra brújula y nos trate de dirigir a otro punto, tenemos que vencernos y lograr volver a enfocar la dirección correcta

Segundo

Motivarnos: Para poder empezar a caminar hacia esa meta debemos estar motivados, tener una *motivación intrínseca;* es decir, una motivación interna.

Cuando las motivaciones son externas poco a poco la vamos a ir dejando.

Si nuestra motivación es aprender a surfear porque los amigos saben surfear y no por una motivación propia, el día en que los amigos se vayan, ya esa meta no servirá.

Esas motivaciones que están en nuestro exterior no nos sirven, nos sirven solo esas motivaciones que salen de nuestro interior. Esas motivaciones que salen de lo más interno de nuestra persona y que no dependen de estímulos externos. Por eso es importante autoconocernos y saber qué es lo que realmente queremos de la vida. Nuestra motivación interna es la que nos va a llevar a alcanzar metas y así lograr establecernos metas que realmente nos emocionen y nos hagan felices.

"Recordar siempre lo que queremos conseguir, pensar todos los días en ello, centrarnos en lo importante y no permitirnos desenfocarnos con los eventos de la vida cotidiana"

Estrategias Para Superar Obstáculos Y Mantener La Disciplina En La Soledad.

El viaje hacia el logro

No es un camino fácil, en ese viaje nos vamos a encontrar muchos obstáculos y dificultades, pero basta tener la motivación y ser disciplinados para superarlos y salir muy bien parados en el cumplimiento de nuestros objetivos. Pero aún así, ese camino hacia el éxito puede ser mucho más fácil en soledad , ya que eliminamos los ruidos externos que muchas veces nos terminan afectando.

Estos ruidos pueden ser:

Familiares y amigos.

Cuando nos dicen frases que nos desmotivan o cuando nos critican o dudan de nuestro potencial

Noticias o publicaciones en las redes sociales.

Que nos imponen un presente desalentador, con informaciones amarillistas o catastróficas, también con el bombardeo de ideas de emprendimientos que al verlos ponen en cuestionamiento si nuestro proyecto vale o no la pena.

Un simple desconocido en una calle cualquiera.

Este es básicamente igual a la distracción que generan los dos puntos anteriores, se refiere a la influencia que puede generar en ti alguna persona, ya sea alguien conocido o desconocido en las redes sociales.

Para que puedas entender mejor a lo que me refiero te voy a colocar una fábula muy vieja que cuenta con una gran enseñanza:

"Un grupo de ranas viajaba por el bosque y, de repente, dos de ellas cayeron en un hoyo profundo.

Todas las demás ranas se reunieron alrededor del hoyo. Cuando vieron cuán hondo era, dijeron a las dos ranas que estaban en el fondo, que, para efectos prácticos, se debían dar por muertas.

Las dos ranas no hicieron caso a los comentarios de sus amigas y siguieron tratando de saltar fuera del hoyo con todas sus fuerzas. Las otras ranas seguían insistiendo que sus esfuerzos serían inútiles.

Finalmente, una de las ranas puso atención a lo que las demás decían y se rindió.

Se desplomó y murió.

La otra rana continuó saltando tan fuerte como le era posible.

La multitud de ranas le gritaba que dejara de sufrir y simplemente se dispusiera a morir.

Pero la rana saltaba cada vez con más fuerza hasta que finalmente saltó fuera del hoyo.

Cuando salió, las otras ranas le preguntaron:

– ¿No escuchaste lo que te decíamos?

La rana les explicó que era sorda. Ella pensó que las demás la estaban animando a esforzarse más para salir de allí."

Aquí vemos claramente como la rana que estaba sola y sin ruidos, pudo conseguir su objetivo de salvar su vida, pero la otra que se dejó llevar por esos ruidos externos pereció en el intento.

Ahora dime tú… alguna vez alguien te ha dicho…

"Eso es muy difícil"

"No creo que lo logres, casi nadie lo ha hecho"

"Fulanito lo intentó y no pudo"

"Con la situación del país dudo que alcances esa meta"

"Seguro el carro no te va a servir y no podrás salir"

"Con esa carrera te morirás de hambre"

... Y mil etcéteras.

Así que, si quieres estrategias para superar tus obstáculos, no voy a llenar esta página con consejos inútiles, que no te llevarán a ningún lado...

Te voy a dar solo unos pocos consejos…

1- No olvides practicar la autorreflexión, para saber si en verdad vas por el camino correcto y si descubres que eso es lo que quieres, no desmayes, corre tras esa meta.

2- No seas terco, si ves que no puedes lograr un objetivo vale la pena estudiar si lo estás haciendo de manera errada, a veces solo debes cambiar tu estrategia, la cual lo conseguirás a partir de la autorreflexión y la humildad de saber que te equivocaste.

Pero, sobre todo:

Sé sordo a las críticas de los demás, prueba tú mismo, no te dejes llevar por lo que le pasó a otro, porque eso no necesariamente deba pasarte a ti.

Creatividad y logros desde la soledad

La soledad como fuente de creatividad

Hasta ahora hemos hablado de lo importante que es la soledad para encontrar el verdadero significado de nuestra vida, para saber cuáles son nuestras metas, encontrarnos con nosotros mismos y vivir esa paz interior que tanta falta hace para alcanzar la felicidad.

Pero también estando solos podemos decir que podemos encontrar ese motor o ese combustible que mueve la creatividad.

Así como la soledad mueve la fuerza interior, también mueve la creatividad en nosotros mismos.

La soledad es el ecosistema donde los artistas, cineastas, músicos y empresarios han llevado a la luz sus más grandes creaciones.

"La soledad es el espacio donde se encuentra inspiración"

El tiempo a solas, es un espacio necesario para nuestro crecimiento y evolución como seres humanos, hay necesidad de alejarnos un poco de las multitudes y de la influencia de otras personas para poder encontrar nuestra propia voz interior.

La soledad puede servirte como un espacio para ideas innovadoras, ideas creativas para la transformación y donde se puede crear la cultura del futuro.

Proyectos personales y pasiones cultivadas cuando se está a solas

El tiempo que pasas solo es un espacio en donde puedes materializar grandes ideas, es allí donde nosotros podemos a través de ese encuentro con nosotros mismos generar ideas que nos ayuden a acercarnos a nuestros sueños más grandes.

No sé si te ha pasado que tienes algún problema durante días, has tratado de buscar la solución al mismo y es cuando estás en la cama a punto de dormirte cuando sientes el interruptor de una luz que se prende en tu cerebro y consigues la solución a ese problema.

Esa es la verdadera **Magia de Estar Solo**, donde todo florece y donde las soluciones a nuestros problemas llegan de una forma tan natural y sencilla.

La persona que está en el escenario está solo, aunque pudiéramos pensar que algún artista esté haciendo su presentación en medio de una plaza en una gran ciudad, podemos ver cómo en su interior está aislado del mundo, observando solo para conseguir inspiración.

También los grandes inventores han usado lo que es el tiempo en solitario o el silencio de sus propios laboratorios o industrias para sus inventos.

Tomás Edison en la época de 1901 encendió por primera vez la bombilla, la cual hasta ahora ha sido uno de los mayores inventos. Cuando él la inventó estaba solo, todo el proceso de invención lo hizo solo, para imaginar, poder inspirarse, proponer, fallar, inventar, tomar decisiones.

El tiempo a solas, como aliado en la realización de metas

Como hemos hablado hasta ahora, el tiempo contigo mismo es importante, ya que es un gran aliado para la búsqueda de tus metas y para encontrar ese sentido o ese significado de tu vida, es por ello que es indispensable, que enfrentemos el sentimiento de soledad con valentía y determinación.

Entendiendo que este tiempo en lugar de ser algo malo es una fuente de fortaleza, a través de la soledad encontramos la fuerza interior en nosotros mismos y es importante buscarla confiando en nosotros y en nuestra propia capacidad para superar las dificultades.

Buscar el propósito y la dirección debe hacerse con sinceridad, porque es un espacio para encontrar nuestra propia dirección. Esto nos demuestra lo importante que es saber aprovechar las circunstancias para reflexionar, buscar inspiración y materializar nuestros sueños.

Venciendo la procrastinación y manteniendo la motivación

La procrastinación es crearnos el hábito de postergar las actividades que debemos hacer y de no enfrentar las situaciones importantes que debemos atender, pero que conscientemente la sustituimos por otras situaciones que no son tan importantes. También puede decirse que son situaciones que no nos agradan mucho ejecutar y las sustituimos por otras, a nuestro criterio, más agradables.

Cuando nosotros procrastinamos estamos dejando de cumplir nuestros objetivos, que son los que nos llevarán a cumplir las metas que estamos planteando para nuestra vida.

Cuando empezamos a procrastinar debemos detenernos y hacer una autorreflexión, ya hemos hablado en varias ocasiones de esto, pero es muy importante que te hagas la siguiente pregunta…

¿Estás dejando de hacer una actividad que te llevará a alcanzar un objetivo?

¿Por qué te parece poco agradable?

Significa entonces que de a poco estás sustituyendo tu meta por otra que te gusta más, por lo que valdría la pena que reflexiones si vas por el camino equivocado y si este síntoma no es un indicativo de que has perdido el norte de tu meta, o caso contrario, que no es lo que realmente quieres.

"Si hay una persona en el mundo con la que no puedes ser deshonesto es contigo mismo"

Hay que tomar en cuenta que es una respuesta natural de todo ser humano huir de todo aquello que es negativo para nosotros, de todo lo que nos causa un pesar, por eso es normal que tengamos miedo a la enfermedad, a la muerte y al desagrado. Siempre estamos huyendo de estas situaciones o emociones negativas, por lo tanto, si hay alguna actividad que nos resulte poco placentera debemos sentarnos a reflexionar si en realidad es lo que queremos alcanzar.

Es muy poco probable que haciendo una actividad que realmente nos guste o haciendo algo que realmente nos llene la existencia y que alegre nuestra alma y mantenga ocupada nuestra mente la dejemos a un lado para hacer otra, entonces podríamos decir que la procrastinación es un indicativo que debemos estar alertas cuando nos ocurren.

Entre las causas de la procrastinación, encontramos el tener baja autoestima, los hábitos de autocrítica también pueden afectarnos cuando nos decimos que estamos siempre haciendo las cosas mal, y la falta de confianza en nuestros propios recursos.

También sucede que, aunque vamos por buen camino buscando el significado de nuestra vida encaminado a nuestras metas, podamos sentirnos inseguros de hacer algo mal, aplazando de tal forma para buscar cosas más fáciles que nos hagan sentir mejor o que nos alejen de un ficticio fracaso.

También podemos procrastinar cuando hacemos metas no realistas o metas inalcanzables, por eso en capítulos anteriores hemos estado hablando de lo fundamental que es plantear metas que realmente se puedan cumplir. Nuestra mente inconsciente sabe reconocer una meta alcanzable de una meta inalcanzable. Cuando la reconoce como inalcanzable, se activa inmediatamente el mecanismo de defensa.

La procrastinación...

Otra de las causas de la procrastinación son emociones negativas como el estrés, la ansiedad, la frustración, el aburrimiento, creadas en la mayoría de los casos por no haber encontrado el equilibrio que debemos tener con nosotros mismos y permitir que todo este tipo de emociones negativas tengan que ver con otras personas.

Estos sentimientos impulsan a la autocrítica, por lo tanto, debemos saber controlar estas emociones negativas y así convertirlas en situaciones que nos ayuden a superarnos a nosotros mismos.

Para lograr superar la procrastinación y poder alcanzar nuestras metas a partir de la soledad, debemos identificar la característica o esa situación que nos lleva a procrastinar, haciéndonos preguntas como:

¿Por qué postergo esta actividad?

¿Qué me ocurre cuando hago esta tarea?

¿Por que me aburro tan rápido cuando estoy solo?

Solo identificando la raíz del problema vamos a ser capaces de transformar nuestras acciones para poder encaminarlas en un plan de vida que nos permita seguir construyendo y seguir creciendo en todos los ámbitos a partir de nuestros momentos con nosotros mismos.

CAPÍTULO VI

VIAJAR EN SOLEDAD

"La soledad es una fuente de poder y claridad."

– Pablo Picasso

Explorando el mundo por cuenta propia

¡Viajar es bueno para la salud, es bueno para la mente, es bueno para todo!

Viajar o tener alguna actividad de recreación en exteriores que aíslen un poco de la cotidianidad, al menos por un tiempo, tiene un efecto relajante. Al regresar, es inevitable sentir alegría y buena salud. Puedo asegurarte que nuestro cuerpo, alma y mente nos van a agradecer en demasía cuando le obsequiemos la experiencia de viajar.

Si preguntas a tus amigos o compañeros de trabajo que han tenido la oportunidad y han tomado la determinación de realizar algún viaje solos, encontrarás que en su regreso se han sentido más relajados, productivos, sintiéndose mejor emocionalmente.

Muchos expertos de la salud, dicen que tomar vacaciones reduce el riesgo de muerte por algunas enfermedades, ya que el viajar evita la depresión, por lo que se puede considerar que son personas más satisfechas que pueden sentir un grado superior de felicidad en la vida.

Los viajes también pueden aumentar la creatividad del ser humano, debido a que la mente se encuentra en un estado más relajado; sin embargo, muchas veces no tenemos a nadie con quien viajar, ya sea porque el tiempo vacacional de nuestros familiares, amigos o pareja no coinciden con el nuestro o simplemente porque ellos no tienen el deseo de hacerlo, aun así, eso no debe evitar que nos demos el privilegio de tener un viaje, tomar la determinación de viajar solos significa tener un maravilloso punto de encuentro con nosotros mismos.

"Nadie vuelve de un viaje, siendo más pobre"

El valor de viajar solo

Cuando viajas solo eres libre de hacer lo que quieras, puedes ir a tu ritmo, si quieres, ir lento, ir rápido; si quieres un día, simplemente quedarte a dormir en el hotel, en completa libertad de hacer algo o de no hacer nada, simplemente tienes la obligación de estar en paz con tu propia persona.

El límite lo pones tú, si nadie te acompaña en el camino, tú eres el dueño de lo que haces y de lo que pagas, eres autónomo para elegir lo que quieres vivir y lo que no quieres vivir.

Cuando viajas solo no tienes que aceptar ninguna actividad por compromiso, no tienes que ir a los lugares que no quieres ir, no tienes que degustar lo que no quieres comer, tienes la completa libertad de ser y hacer lo que quieres.

Viajar solo te permite desconectar completamente del mundo rutinario y conectarte con otra realidad, pero sobre todo, contigo mismo.

Viajar solo, te ayudará a desconectarte por un tiempo de la realidad actual, te ayudará a no estar con personas que puedan hacer ruido exterior, podrás conectarte contigo mismo y utilizar el tiempo y el momento presente para ti mismo.

Estando sólo puedes dejar a un lado esas preocupaciones, los cronogramas y los horarios, e improvisar.

La improvisación está directamente ligada con la imaginación y la creatividad, además que elevas tu nivel de inteligencia mientras vas resolviendo los problemas que aparezcan producto de la improvisación.

Una de las ventajas de viajar solo, es que conoces a nuevas personas en tu viaje, una persona soltera podría incluso conocer al amor de su vida realizando un viaje.

Lo importante es hacerlo sin miedo, con mucha prudencia y dejando las expectativas de lado. Vivir experiencias nuevas por tu propia cuenta llevará tu vida a un nivel superior y te permitirá descubir aspectos de ti mismo que jamás habrías conocido en compañia. Estar solo no es sinónimo de soledad, sino de fortaleza y autoconocimiento. Cada paso que des en este camino es una oportunidad para crecer, sanar y reencontrarte con tu esencia. Al abrazar la soledad en un viaje te haces dueño de tu tiempo, de tus pensamientos y de tu vida.

Inconscientemente, le estarás diciendo a tu cerebro que eres capaz de hacer cualquier cosa en el mundo, que no necesitas de nadie para ser feliz y disfrutar de la vida.

Una de las cosas que te ayuda cuando viajas solo es que vas a salir de tu zona de confort, podrás retarte a ti mismo y saber de qué eres capaz, aprenderás a desenvolverte ante cualquier situación.

Un viaje solamente contigo mismo, es una experiencia única que te ayudará a crecer como persona, que permitirá que puedas conocer a nuevas personas y darte un espacio cuando lo desees sin ser un problema para nadie.

¿Cómo planificar viajes independientes de manera segura y significativa?

Para viajar solo, lo primero es tener el presupuesto. Al tener el presupuesto establecido, podrás saber qué tan lejos puedes ir, y te servirá como base para saber las actividades que podrás realizar, así como la forma de viaje (avión, tierra, barco). Recuerda que el presupuesto debe incluir transporte, alojamiento, comida y las actividades. (Incluido el dinero de emergencias)

El segundo paso es elegir el destino; es decir, ¿a dónde quieres ir?, para este paso, puedes buscar ayuda en internet. Pero lo principal es que elijas un sitio de acuerdo a tus gustos, y que te sientas cómodo, pudiendo ser la playa, montaña, ciudades. Lo importante es que tomes en cuenta que irás solo y, por lo tanto, debes informarte de que tan seguro es el sitio o a que tantos peligros te expondrás.

Antes de ir debes informarte de todo lo relacionado con el sitio al que planeas ir, así como también lo referente a sus alrededores, debes saber si tiene suficientes hospedajes, restaurantes, las costumbres, tanto culturales como religiosas y por supuesto la moneda.

Existen muchas situaciones que nos pueden generar sanciones por ignorarlas, el desconocimiento de la ley, no te deja libre de la sanción. También es de vital importancia, informarte lo referente al clima del lugar, en la época del año en la que realizamos el viaje, así podrás llevar la ropa adecuada evitando pasar por imprevistos que te generen preocupaciones y gastos que no estaban estipulados en tu presupuesto.

Recuerda los asuntos legales como el visado, las vacunas reglamentarias dependiendo del país, y las enfermedades autóctonas, al igual que es recomendable que tengas un seguro de viaje por cualquier imprevisto.

Antes de ir revisa que tengas todo en orden en tu maleta, y toda la documentación a la mano.

Encuentros en tu viaje

Viajar solo también te ayuda a romper la barrera del idioma si es que vas a un país con otro idioma, te verás obligado a interactuar con las otras personas y aprender una nueva cultura, un nuevo idioma.

Con el paso de los días se te hará mucho más fácil, ya que tu única opción es hablar con las demás personas trayendo a tu vida grandes beneficios, porque al conocer gente nueva aprenderás a interactuar más, a sonreír más, a llevar las conversaciones con más fluidez.

Otras de las situaciones que te ayudarán a enriquecer tus viajes son esas personas que te encuentras en la misma situación que tú. Esos encuentros, bien sean en el hotel, carretera o en un restaurante, te ayudarán a conocer personas nuevas, a crear lazos, observar otras vidas y situaciones, quizás en muchas ocasiones a crear lazos de amistad que durarán toda la vida.

Una conexión profunda

La soledad en la naturaleza puede ser una experiencia profundamente sanadora, ya que es un camino que nos lleva al bienestar en todos sus aspectos.

En ese momento en el cual los agites de la vida donde estamos inundados del ruido de la tecnología, caos, estrés laboral en medio de todas estas dificultades y distractores constantes desaparacen por unos instantes para devolver nuestra vida a la vida.

Estando en esa conexión con la naturaleza podemos encontrar ese anhelado momento con nosotros mismos, el cual necesitamos para buscar esa autorreflexión y reencontrarnos con nuestra propia esencia; ya sea en el bosque o disfrutando un amanecer en la playa o simplemente sentado debajo de un árbol, estar conectados con la naturaleza solo trae múltiples beneficios que se reflejan en nuestra calidad de vida, siendo uno de los beneficios proncipales la reducción del estrés. La naturaleza nos brinda siempre un entorno tranquilo y sereno para estar relajados y así lograr estar también relajados interiormente, en este ambiente acogedor se nos hace mucho más fácil encontrar ese silencio interno que necesitamos para reflexionar.

Estar rodeado de la naturaleza disminuye los niveles de Cortisol (la hormona del estrés) y promueve las Endorfinas que son las hormonas de la felicidad, además de eso nos brinda la oportunidad de desconectarnos de los teléfonos, de la televisión y de otras tecnologías. También nos permite alejarnos de las redes sociales para poder conectarnos realmente con nosotros.

Estando conectados con la naturaleza podemos saber de dónde venimos y hacia dónde vamos, porque somos parte de esa naturaleza, somos parte de la creación al igual que los árboles, los animales y el mar.

El estar en contacto con la naturaleza también nos da beneficios físicos. Caminar al aire libre, practicar algún deporte o simplemente respirar el aire fresco de la montaña o de la playa nos ayuda a mejorar nuestra salud en todos los sistemas: cardiovascular, inmunológico, respiratorio, entre otros.

Todo esto nos ayuda a estar plenamente felices y conectados para curarnos y para tener una exposición que nos brinde algo mas que salud física.

Conexión con el entorno natural

La conexión con la naturaleza nos permite cultivar la gratitud y el respeto hacia el mundo espiritual que nos nutre y nos brinda una sensación de paz y tranquilidad.

Al estar en contacto con la naturaleza, podemos entrar en un estado de meditación y atención plena en lo que está pasando en el presente, vivir en el presente nos ayuda a reducir la ansiedad y mejorar nuestra atención y concentración.

Nos permite agradecer, agradecer por estar aquí y por sentirnos parte.

"Conectar con la naturaleza nos brinda un respiro en medio del ritmo frenético de la vida, reduciendo el estrés y revitalizando tanto nuestra salud física como mental. En ese entorno, encontramos una conexión más profunda con nuestra esencia, recuperando el equilibrio y la claridad que a menudo se pierden en la rutina diaria"

Estrategias para aventurarse en la naturaleza

Ya tenemos claro, que realizar un viaje solos es una experiencia enriquecedora a todo nivel; sin embargo, no es lo mismo, estar solo en un entorno en el cual te desenvuelves habitualmente que en un entorno nuevo y desconocido para ti. Es por ello que toda persona que pretende realizar un viaje sin compañía, tiene que tomar unas medidas y necesarias pautas, que, en la medida de las situaciones normales, nos mantendrán a salvo de cualquier consecuencia ocasionada por los riesgos que se encuentran en cada rincón.

Lleva lo Necesario:

Aquí es importante averiguar cuáles son las condiciones climáticas del lugar en la época en la que realizamos el viaje y llevar ropa acorde a ese clima.

Muéstrate respetuoso con el lugar que visitarás:

Significa respetar, por un lado, el aspecto religioso y cultural de las personas del lugar y por el otro, ser respetuoso también con la flora y la fauna, no desobedecer los reglamentos del lugar

Prepárate para lo inesperado:

Por más que planifiquemos, siempre existen situaciones que se salen de control, no podemos controlar el entorno, así que al viajar debemos aprender a adaptarnos y fluir con los imprevistos. Viajar implica enfrentarse a lo desconocido, y esa es justamente la magia del proceso. Lo importante es mantener una actitud flexible, abierta y positiva ante cualquier desafío que pueda surgir. A menudo, las mejores experiencias nacen de esos momentos que no estaban en nuestros planes, y nos enseñan lecciones valiosas sobre la vida y sobre nosotros mismos.

CAPÍTULO VII

LA HERENCIA DE LA SOLEDAD

"La libertad más grande es ser tú mismo sin pedir permiso."

– Anónimo

Experiencias y sabiduría

Es importante que podamos contar nuestras propias historias, no solo de teoría aprende el alumno ¿verdad?, muchas veces ilustrando con experiencias personales, el aprendizaje se queda más en el alma y en la mente porque las historias conectan de manera profunda con nuestras emociones y nos permiten ver la teoría aplicada en la vida real. Cuando compartimos nuestras vivencias, los demás no solo escuchan, sino que se sienten parte de esa experiencia, logrando que las lecciones se interioricen de forma más auténtica y duradera.

Roberto

Tal vez fue desesperante al principio, nada obligado es bueno y menos por mucho tiempo, cuando decretaron la pandemia todos pensamos qué máximo pasaríamos una semana en casa, pero ya un año era impensable... Me tocó quedarme solo, pues estaba residenciado por trabajo en una ciudad cercana a donde vive mi núcleo familiar, y la verdad no es lo mismo estar todo el día en el trabajo (acompañado) y llegar solo a dormir, que estar las 24 horas del día completamente solo sin poder salir.

¿Y saben qué?

¡Fue bueno cuando descubrí el silencio!, decidí no ver más noticias para no desesperarme más y fue allí donde me di cuenta de que el ruido también es esto de las redes o de tener siempre la TV encendida. Reflexioné sobre las cosas que me gustaban y que nunca había hecho, empecé a hacer galletas y pasteles, y después de mucho intentarlo, me empezaron a quedar tan sabrosos. Ahora no puedo estar más de una semana sin tener un tiempo para mí, para reflexionar y reinventarme.

Busco regalármelo, salgo por un helado, a tomar un café, o simplemente a sentarme en una plaza solo...

Y lo que es mejor de la soledad,

¡Es que se generó mi emprendimiento!

Dulces y galletas para todos los gustos, por eso siempre le digo a las personas…

¡Las grandes ideas nacen de un tiempo a solas!

Sofía

No se pueden imaginar todo lo que había en mis pensamientos en el momento que supe que debía irme lejos de mi familia a estudiar, pensé mil cosas, menos que me iba a adaptar tan rápido y que en algún momento me acostumbraría, todo fue difícil al principio...

Pero después descubrí un espacio para reflexionar, lejos de la gente que me decía que hacer y cómo hacerlo,

En primer lugar me descubrí, me di cuenta a tiempo que estaba estudiando una carrera que en realidad no me gustaba, ahora sé que si hubiese estado con mi familia, me hubieran cargado de tantas frases...

"¡Continua, no hay que perder tiempo!"

"Esa carrera es la mejor, ¡Ganarás mucho dinero!"

"Volver a empezar es un fracaso"

Estar sola me ayudó a reconocerme y a aceptarme, sobre todo a aislarme del ruido exterior. Ahora estoy a punto de graduarme en la carrera que me gusta...

Le encontré un significado a mi vida y voy camino a alcanzar la meta soñada.

Aquí hay 2 personas que conozco personalmente, que les tocó vivir solas y que al final ese camino terminó por convertirse en la mejor de las oportunidades.

Pero hay personas que simplemente deciden irse a vivir solos, como el caso de Carlos, un sacerdote que ha querido vivir solo, apartado del bullicio y en plena naturaleza.

Y nos dice de su experiencia:

"No estoy aquí para apartarme de la gente, sino para acercarme más a Dios y, a través de Él, más a las personas. Aquellos que eligen la vida contemplativa en la Iglesia no buscan el aislamiento por miedo o rechazo hacia los demás, sino para encontrar a Jesús en la soledad.

Al profundizar en nuestro amor por Jesús, naturalmente crecemos en nuestro amor por los demás. Todas las personas dedicadas a esta vida de oración que he conocido en estos años han sido cálidas, con corazones abiertos y llenos de amor, transparentes en su forma de ser. Llevan una vida sencilla y armoniosa, conectada al ritmo de la creación, algo que nuestra cultura moderna ha dejado atrás en su búsqueda de velocidad y superficialidad. Vivir en la naturaleza, lejos del ruido constante, nos brinda una claridad espiritual única, nos recuerda la belleza de lo simple y nos conecta profundamente con lo divino. Es un lugar maravilloso, donde cada amanecer y cada atardecer nos habla de la presencia de Dios, recordándonos que en la sencillez y el silencio se encuentra la verdadera paz.

Carlos asegura, como parte de su testimonio, que en el fondo, la gente quiere llevar una vida más sencilla, pero la clave es encontrar el modo de pasar de lo prescindible a lo esencial…

"Tienes que desprenderte de algo, tomar la decisión de renunciar a algo concreto"

Yo digo que parte de esa renuncia es dejar a un lado los propios ruidos, descansar, no dejarse sobrepasar por las situaciones sobre la cual no tienes control, en otras palabras, estar en completa paz, solo cuando logres estar en paz contigo, podrás tener un mejor trato con las demás personas, irradiarás alegría, podrás hacer de esta experiencia parte de tu testimonio vivo.

La mentoría en la soledad

Si te preguntas cómo puedes hacer para enseñar a las otras personas a encontrar tranquilidad y enriquecer su salud mental y emocional en ese tiempo estando solos, lo primero que debes saber es que tu ejemplo es primordial, nadie puede dar lo que no tiene, ni enseñar lo que no sabe.

Para enseñar a otras personas lo primero es qué des un testimonio con tus propias vivencias, demostrar de verdad que el cambio causó un impacto positivo en tu vida.

Te dejo algunas estrategias:

Explica algunas claves para comenzar ese camino:

1. Buscar actividades que se puedas realizar solo, es una buena forma de empezar, tal vez empezando dirás que no te guste ninguna, pero sé que encontrarás algo que te guste, de esta manera te irás acostumbrando a tener momentos contigo mismo.

2. Realiza esta actividad como parte de tu rutina diaria, creando un hábito.

3. Asegúrate de que tengas un ambiente agradable, tranquilo y en paz, que te permita estar alejado de tareas pendientes y de muchos ruidos externos. Si estás en un ambiente estresante, probablemente lo asociarás con el hecho de que estás solo y ya no querrás estarlo.

4. Una de las cosas que debes hacer antes, es pensar en los beneficios que te traerá aprender a tener un espacio para estar solo, si no tienes claro el porqué quieres hacerlo, entonces pronto vas a desistir. No todos quieren emprender este viaje por los mismos motivos, unos lo quieren hacer porque necesitan encontrarse consigo mismos, otros porque necesitan paz, otros quizás han sido sometidos a una carga de estrés bastante fuerte o quizás quieren encontrar el significado de sus vidas.

5. Eliminar las creencias limitantes o pensamientos distorsionados. Cuando emprendemos este viaje hay que olvidarse de pensamientos negativos que nos generen un impacto no deseado en nosotros, en nuestra experiencia y en el resto.

Lo más importante es que puedas ir conquistando espacios en tu vida, espacios vitales para el crecimiento personal, que incluye el plano mental, espiritual, y físico como un todo, que puedas sentirte independiente, libre de actuar y de pensar, y que por supuesto ganes lo más importante…

¡La paz!

CAPÍTULO VIII

EL CAMINO HACIA LA AUTENTICIDAD

"No hay peor soledad que no estar a gusto con uno mismo."

– Mark Twain

Descubriendo tu verdadero yo en el tiempo

Me parece que durante todo el libro este ha sido el tema principal, ya que quizás es lo más importante y el principal beneficio de estar tiempo a solas

Pero...

¿Qué es la autenticidad?

Si tenemos un billete falso, con él no podremos comprar nada; es decir, ¡no tiene valor!

Algo que no es auténtico, no tiene valor real. Si no eres auténtico, ya no tienes los valores que te acompañan como persona, eres otra persona distinta a la que realmente eres.

La autenticidad es la condición de auténtico.

Auténtico, por su parte, es un adjetivo que califica a aquello que está documentado o certificado como verdadero o seguro. También se dice que una persona es auténtica cuando no pretende mostrarse diferente de cómo es"

Entonces es aquí cuando vale la pena hacernos la pregunta…

¿Cuándo dejamos de ser auténticos?

Dejamos de ser auténticos cuando pretendemos ser otra persona...

Y te preguntarás…

¿Quién quiere ser otra persona?

Aunque no lo creas… ¡Todos!

Todos hemos intentado ser otras personas, o al menos adoptar otros hábitos, posturas o pensamientos, para agradar a alguien o encajar en un grupo. Cuando esto pasa perdemos autenticidad, tanto que dejamos de ser nosotros mismos y no nos damos cuenta, hasta que un buen día nos sentimos vacíos, como en el medio de una selva perdida y sin GPS, que nos indique hacia dónde vamos.

Es en este momento en el que el tiempo a solas nos puede ayudar a abrazar a nuestro propio yo, a reencontrarnos con nosotros mismos, a arreglar ese GPS y a encontrar el camino en la selva donde estamos perdidos.

Nuestro tiempo a solas, nos ayuda a autorreflexionar, reconocernos, estudiar nuestras fortalezas y debilidades, saber cómo somos, y lo que realmente nos gusta y lo que no.

¡Si tu GPS está dañado, el camino será más difícil!

Está muy claro, que todo esto no depende únicamente de estar sólo, puedes estar en soledad y quedarte allí mirando las estrellas... nada pasará. Si quieres lograr la autenticidad debes tener una autoevaluación y autodescubrimiento.

¿Cómo evaluar tus valores, creencias y pasiones personales?

1. Con respecto a los valores, puedes hacer una lista larga de valores.

Luego selecciona los 10 valores más importantes para ti

De esa lista de 10 identifica los 5 valores más importantes para ti, ordenándolos en orden de prioridad.

Luego estos 5 valores colócalos en un cuaderno y escribe dos ocasiones en la cual te hayas comportado de acuerdo a esos valores.

Este ejercicio parece sencillo, pero no, es difícil, muchas veces comenzamos bien, pero al llegar a los 5 valores presentes en nuestra vida se complica el ejercicio, mucho más cuando te des cuenta de lo poco que lo aplicamos.

2. Con respecto a las creencias, vale la pena sentarte a reflexionar, sobre todas las cosas que hoy piensas, esos refranes, frases, o ideas que tengas...

Y que sin darte cuenta son creencias limitantes.

Ejemplo:

"El dinero no hace la felicidad"

"Los ricos son malos" o peor aún...

"Sin mi esposa no soy nadie"

Estudia estas frases arraigadas en tu vida, pero también estudia esas cosas que haces que no están acorde a tus creencias.

Por situaciones como esas es importante buscar espacios para la soledad y darse la oportunidad de autorreflexionar y buscar el verdadero autoconocimiento que te llevará a ser un ser humano auténtico, esto te ayudará no solo a atraer personas adecuadas a tu vida, amistades verdaderas, sino que estarás en paz contigo mismo.

Aceptando y Celebrando tu Singularidad

Como seres únicos e irrepetibles no somos una casualidad, incluso los hermanos gemelos por más parecidos que sean, siempre tienen algo que los distingue, debemos siempre celebrar la singularidad y apreciar y celebrar lo que nos hace únicos.

Fuimos creados como personas originales, tenemos nuestros propios gustos, deseos, pasiones y sueños. Nuestra propia lista de debilidades y de talento, no nos enojan las mismas cosas y las mismas cosas no nos dan alegría. Por lo tanto, tenemos proyectos y planes diferentes, lo que para nosotros significa la vida puede ser lo opuesto para otra persona.

¿Por qué a veces pensamos que debemos ser como la otra persona?

O lo que es peor...

¿Por qué queremos cambiar a la otra persona para que sea como nosotros?

Cada vez que intentamos moldear a los demás a nuestra imagen, perdemos la oportunidad de apreciar la riqueza de su individualidad. Es triste caminar por la vida buscando ser alguien más o exigiendo a otros que se ajusten a nuestras expectativas, porque en ese intento nos alejamos de lo que realmente somos. La verdadera plenitud surge cuando abrazamos nuestras diferencias y reconocemos que cada persona tiene un camino único, con sus propios talentos, perspectivas y formas de ser. Al querer ser o imponer un molde, solo alimentamos la desconexión y el vacío, mientras que aceptar y respetar la autenticidad de cada uno nos permite crear relaciones más profundas y significativas.

Es bueno cuestionarnos el motivo de muchos de nuestros pensamientos, y en el momento que los identificamos como negativos poder sustituirlos de inmediato.

¿Por qué sentirnos mal si somos diferentes?

Vale la pena que aprendamos de todas estas técnicas que hemos visto hasta ahora para que logremos conocernos, para que logremos reflexionar sobre nuestra propia existencia y terminar celebrando esa singularidad o esta diferencia que tenemos con los demás.

Tenemos que aceptarnos como seres únicos y celebrar que no somos una copia más en el mundo, sino que somos diferentes y que debemos amarnos tal cual fuimos creados.

"Bajo ningún motivo podemos perder nuestra propia esencia, dejar a un lado nuestras creencias, nuestros valores, todo lo que nos hace

ser la persona que somos, para adaptarnos a otra persona o grupo de personas"

Entonces, disfrutemos la maravilla de ser diferentes e irrepetibles, de poder hacer algo por el mundo, ser útiles a nuestra familia, y a nosotros mismos, encontrarle significado a la vida, buscar esos motivos que nos hacen caminar, esa gasolina que nos hace levantarnos cada día y por lo cual realmente somos felices.

¿Recuerdas la fábula de la rana sorda?

¡Debemos trabajar en ir superando la presión social!

¿Cómo lidiar con la presión social para conformarte y abrazar tu singularidad?

La presión social es un problema que puede traer nefastas consecuencias a nuestro comportamiento y a nuestra propia personalidad, dejamos de ser auténticos si nos dejamos llevar por la presión social.

Podemos definir la presión social como la influencia que ejercen otras personas sobre nuestros valores, actitudes, pensamientos, incluso, y más peligroso, sobre nuestro comportamiento.

Por eso la influencia de las otras personas puede llevarnos a tomar decisiones equivocadas y realizar actividades en las que verdaderamente no nos sintamos cómodos.

La presión social puede combatirse, primero que nada, reforzando nuestra autoestima, nuestros valores personales y con una autenticidad sólida, celebrando que somos seres únicos y no tenemos que parecernos a nadie más.

Una de las formas de no sucumbir ante la presión social es aprender a decir que no, reforzar nuestro propio criterio, evitar las creencias negativas y las creencias limitantes.

Aun así, nada de esto se puede hacer si no te das tu tiempo para estar solo y descubrir quién eres verdaderamente, que eres capaz de hacer, cuáles son tus valores y tu grado de confianza en ti mismo.

Viviendo De Acuerdo Con Tus Valores Y Principios.

Definir nuestros valores y principios no es tan fácil, lo vimos en el punto anterior y vale la pena que regresemos a la página para leerlo y practicarlo. Son estos los que guiarán tu vida en solitario; por lo tanto, es importante que lo tengas siempre presente, y que seas capaz de realizar el ejercicio las veces que sea necesario para reencontrarte.

También es necesario que aprendamos a tomar decisiones de acuerdo a estos valores, y el tiempo a solas en un buen entorno para hacerlo lejos de la influencia de otras personas y ruidos externos que no están alineados con nosotros mismos, lo que realmente hará una experiencia más significativa, que se internalice más, para así, cuando estés con personas a tu alrededor, ya seas suficientemente fuerte en cuerpo, mente y espiritu, para que no sucumbas ante la presión de grupo.

Vivir de acuerdo con estos valores significa que eres auténtico, lo cual es el primer paso hacia la realización personal y el camino a una vida plena y verdaderamente feliz. La capacidad de estar solo es fundamental para alcanzar esa libertad interior que, en última instancia, conduce a la autorrealización y a una felicidad profunda y duradera. Solo cuando encontramos paz en nuestra propia compañía podemos descubrir nuestra verdadera esencia y experimentar una libertad que no depende de las circunstancias externas.

CAPÍTULO IX

CÓMO DESBLOQUEAR LA CREATIVIDAD

"El hombre verdaderamente grande es aquel que sabe ser pequeño en compañía de sí mismo."

– G.K. Chesterton

La creatividad es una fuerza poderosa que vive dentro de todos nosotros, esperando ser desatada en el momento adecuado. A menudo pensamos que la creatividad necesita un entorno lleno de estímulos externos o la colaboración con otros para surgir. Sin embargo, uno de los secretos menos conocidos, pero más efectivos para liberar el poder creativo es la soledad.

Estar solos nos permite conectar con nuestra mente de una forma única, sin las distracciones que habitualmente entorpecen nuestros pensamientos.

En este capítulo, exploraremos cómo puedes desbloquear tu creatividad cuando estás solo, utilizando el silencio y la introspección como herramientas clave.

El silencio como puerta a la inspiración

En un mundo lleno de ruido, tanto externo como interno, encontrar el silencio puede ser un desafío. Sin embargo, cuando estamos solos, este silencio se convierte en un campo fértil donde las ideas pueden florecer. El silencio no es solo la ausencia de sonido, sino también la ausencia de distracciones. Es un espacio donde tu mente tiene la libertad de divagar, explorar y crear. Cuando eliminas las voces externas, las opiniones de los demás, y las interrupciones constantes, te das la oportunidad de escuchar tus propios pensamientos con mayor claridad.

Para aprovechar este silencio, busca momentos en los que puedas estar completamente solo, lejos de la tecnología y otras distracciones que puedan ayudarte a entrar en un estado de calma.

La conexión contigo mismo

Estar solo te permite reconectar contigo mismo, con tus deseos, miedos, y aspiraciones más profundas. Muchas veces, nuestra creatividad está bloqueada porque no hemos dedicado tiempo a conocernos verdaderamente. Al estar en soledad, tienes la oportunidad de reflexionar sobre quién eres, lo que te motiva y lo que quieres expresar al mundo.

Al conocerte mejor, puedes acceder a una fuente de ideas originales y auténticas, nacidas de tu propio ser.

Empieza por hacer preguntas profundas a ti mismo:

¿Qué me emociona?

¿Qué me preocupa?

¿Qué experiencias he vivido que podría plasmar de forma creativa?

Estas preguntas pueden ser la chispa que encienda tu fuego creativo.

Deja que los pensamientos fluyan

Cuando estamos rodeados de otras personas, nuestras mentes están condicionadas a responder a estímulos externos, ya sea a través de conversaciones, tareas o expectativas sociales. Sin embargo, la soledad nos ofrece algo invaluable: la libertad mental. Al estar solo, puedes dejar que tus pensamientos fluyan sin interrupciones, sin sentir la necesidad de seguir una estructura o lógica impuesta.

Permítete soñar despierto, imaginar escenarios imposibles o explorar ideas sin restricciones. Las ideas más innovadoras a menudo surgen cuando la mente está en este estado de divagación libre, sin presión ni juicios.

La introspección como herramienta creativa

La introspección es el arte de mirar hacia adentro y analizar nuestros pensamientos y emociones. En la vida cotidiana, rara vez nos tomamos el tiempo para detenernos y reflexionar, pero la soledad nos brinda la oportunidad perfecta para hacerlo. Al explorar tu mundo interior, puedes encontrar una mina de oro de experiencias, emociones y recuerdos que pueden alimentar tu creatividad.

Llevar un diario, por ejemplo, es una excelente práctica para cultivar la introspección. Al escribir tus pensamientos, emociones y observaciones, no solo te liberas de cargas emocionales, sino que también puedes descubrir nuevas perspectivas o ideas creativas que no habías considerado antes. Este proceso de autoexploración te ayuda a desbloquear nuevas formas de ver el mundo y expresarte.

Superar tus miedos

Una de las razones por las que muchas personas evitan la soledad es el miedo a lo que encontrarán cuando estén a solas con sus pensamientos. La creatividad, sin embargo, requiere que superemos este miedo y aceptemos la soledad como una aliada. La soledad no es sinónimo de aislamiento emocional o desconexión, sino de libertad para explorar tus pensamientos más profundos.

La soledad como catalizador

Estar solo no es un obstáculo para la creatividad, sino un catalizador. La soledad te ofrece un espacio seguro y sin distracciones para reflexionar, explorar y experimentar. Al abrazar estos momentos, puedes desbloquear una fuente infinita de ideas originales y auténticas que surgen desde lo más profundo de tu ser. Aprender a estar solo es, en realidad, aprender a estar en contacto con tu propio poder creativo.

Al final, la soledad no es un estado de aislamiento, sino un estado de conexión contigo mismo, con tus ideas y con el mundo que te rodea.

CAPÍTULO X

CUIDANDO DE TU BIENESTAR EN EL TIEMPO

"El que no comprende su soledad, tampoco comprenderá su libertad."

– Arthur Schopenhauer

Mantener un estilo de vida saludable cuando estamos solos es tarea fácil y difícil a la vez. Por ello te quiero explicar los dos escenarios...

¿Es fácil? La respuesta es "Depende"

Estando solos es más sencillo adoptar ciertos hábitos, sobre todo si se trata de alimentación pero eso va a depender del círculo de personas a tu alrededor. Si ellos la hacen contigo, seguro será una motivación adicional y el proceso será mas sencillo, pero si hacen todo lo contrario, probablemente sea una meta un poco mas dificil de cumplir.

Joseph

Te voy a explicar el caso de mi hermano, que fue diagnosticado con diabetes y tuvo que eliminar todo el azúcar de su dieta. Al principio, fue extremadamente difícil para él ver cómo todos en casa seguíamos con nuestras rutinas alimenticias habituales, tomando refrescos, café con azúcar y comiendo alimentos que él ya no podía disfrutar.

Esta situación lo hacía sentir aislado y frustrado, como si estuviera enfrentando su problema solo. Fue entonces cuando, como familia, decidimos hacer un cambio radical en nuestros hábitos alimenticios. Dejamos de consumir azúcar y alimentos poco saludables para apoyarlo, no solo por solidaridad, sino para ayudarlo a no sentir esa tentación constante en su propio hogar. Al cambiar como grupo, no solo mejoramos su bienestar, sino también el de todos nosotros.

Del otro lado de la moneda, te cuento el caso de un gran amigo del trabajo que tiene una cardiopatía grave. Me comenta que él no puede consumir comida chatarra ni alimentos grasos, ya que su condición lo pone en un riesgo constante. Sin embargo, cuando llega a casa después de un largo día, sus hijos traen hamburguesas, papas fritas y otros alimentos poco saludables para cenar. Esto lo hace sentir incómodo y hasta culpable por no poder compartir esos momentos con ellos, ya que no solo le recuerda las restricciones de su dieta, sino que también lo coloca en una situación en la que su fuerza de voluntad es puesta a prueba. Aunque sus hijos no lo hacen con mala intención, la falta de apoyo o comprensión sobre lo difícil que es mantener una dieta estricta lo afecta profundamente.

Estas dos situaciones reflejan la gran diferencia que puede hacer el entorno cuando estás intentando adoptar hábitos más saludables. Mientras que la soledad puede ser un aliado para el autocontrol y la creación de nuevas rutinas, el entorno social puede ser tanto un apoyo como una barrera. Por eso, es importante reconocer que, al estar solos, tenemos la oportunidad de crear un entorno más controlado y propicio para adoptar hábitos saludables sin las distracciones o influencias que a menudo nos desvían del camino

Otro ejemplo, es el hábito de sueño. Si adoptas el hábito de dormir temprano, y las personas que viven contigo se duermen tarde, será más dificil avanzar con esta proeza.

El segundo escenario es que muchas veces es difícil, ya que tienes que ser muy disciplinado y constante en tus hábitos. Muchas veces pensamos que como no nos están mirando, o no tenemos a nadie que nos recuerde, entonces nos vamos olvidando de lo que tenemos que hacer y nos perdemos en el intento.

Hábitos importantes cuando estamos solos

1. Buena alimentación. Es muy fácil tener una buena alimentación cuando se está solo, quizás porque sale más económico o porque podemos adaptarnos a nuestros gustos sin problemas.

Debemos tomar en cuenta que nuestra dieta debe ser equilibrada y variada, de hecho, para lograrlo, es mas sencillo si cocinas tus propios alimentos.

2. Tomar baños de sol. Tomar baños de sol por la mañana es muy beneficioso para tu salud, ya que estimula la producción de serotonina, un neurotransmisor que, al disminuir la luz al final del día, se convierte en melatonina en la glándula pineal, regulando tu ciclo de sueño. Además, la exposición al sol promueve la producción de vitamina D, esencial para fortalecer el sistema inmunológico y la salud ósea.

Puedes hacer caminatas entre las 10 y 11 de la mañana, estando solo es mucho más fácil, únicamente ponte unos zapatos cómodos y sal a dar una vuelta.

3. Cuida tu sueño. Dormir las horas correspondientes también es mucho más fácil si estás solo, ya que habrás tenido tiempo en el día para hacer y pensar las situaciones, y al llegar la noche solo queda dormir tranquilo. Recuerda que dormir por las noches fortalece también tu sistema inmunológico, mejora el área cognitiva, por lo que tendrás una buena memoria, y mejores reflejos.

4. Evita los distractores. Quizás esta es una de las situaciones que más se facilita si estamos solos.

Es fácil mantener la calma si no tenemos distractores, o personas que nos hagan enojar.

Recuerda que todos estos consejos te pueden ayudar a tener una vida más saludable, y si vives solo se te hará más fácil lograr cambiar poco a poco hábitos dañinos por beneficiosos.

Tu salud depende de un todo, de esa conexión entre cuerpo, mente y alma.

Si tu cuerpo está mal, este equilibrio se rompe.

Lidiar con el estrés cuando solo estás contigo mismo

En el punto anterior, donde hablamos de cómo mantener una buena salud, conversamos de cómo lidiar con el estrés, lo que nos ayudará a tener una vida más sana.

"El estrés no es nada mas que es un sentimiento de tensión física o emocional que puede provenir de cualquier situación o pensamiento que lo haga sentir a uno frustrado, furioso o nervioso"

Hace sentido ¿verdad?

El estrés es la reacción de tu cuerpo a un desafío o demanda. En pequeños episodios el estrés puede ser positivo, como cuando te ayuda a evitar el peligro o cumplir con una fecha límite. Pero cuando el estrés dura mucho tiempo, puede dañar tu salud".

El estrés es dañino si es crónico y si dejamos que este afecte nuestra vida convirtiéndose en un estado de ansiedad o pánico permanente.

Hay muchas herramientas que nos ayudan a prevenir esto, entre ellas, la meditación y la oración, las cuales aprendimos al comienzo del libro.

Reconociendo y gestionando el estrés cuando se está solo

El estrés es necesario en la vida, ya que su finalidad es ponernos en estado de alerta para librarnos de algún riesgo o peligro. Cuando un cuerpo está estresado, está liberando sustancias que necesita el sistema para poder reaccionar, en ese momento, todo el oxígeno es bombeado directamente a los músculos y casi nada al cerebro, por eso en situación de estrés básicamente reaccionamos sin pensar; sin embargo, cuando se padece de estrés crónico; o sea, que se convive a diario con él, nuestro organismo sufre terribles consecuencias, ya que si la sustancia que se produce en el cuerpo en situaciones de estrés no se usa por el mismo organismo, entonces el cuerpo se intoxica, además de que el cerebro y otros órganos importantes no reciben oxigenación.

"Los problemas que tenemos en la vida no los podemos resolver en estado de estrés, ya que no logramos pensar con claridad"

En estrés solo tenemos tres respuestas:

Huir, Luchar, o Rendirse, y esas respuestas solo te servirían si vas por la calle y te encuentras a un león.

Te pondré un ejemplo:

Tomás es un joven que vive en Africa, recientemente las autoridades han informado que hay un Jaguar rondando la zona, entonces Tomás comienza a tomar sus previsiones, las cuales son justas y necesarias,

Encerró a su perro en su habitación y no lo dejó salir. Cada vez que sale lo hace mirando a los alrededores.

Él compró un arma, aunque no sabe disparar, y la lleva siempre a su lado como mecanismo de defensa.

Pasaron los días y nadie más volvió a hablar del Jaguar, sin embargo, Tomás, seguía muy angustiado y pronto enfermó de su musculatura, no podía girar el cuello y tenía muchos dolores musculares, sufría de insomnio y no rendía para nada en sus actividades laborales, luego se escuchó la noticia de que habían capturado al Jaguar e internado en un zoológico, solo en ese momento Tomás estuvo un poco mejor...

La preocupación es inevitable, todos nos preocupamos por los problemas del día o por los que pudieran venir, a veces con mucha frecuencia viajamos al futuro y nos imaginamos un escenario nada agradable o lo imaginamos perfecto, pero nos preocupa cómo hacerlo realidad, no obstante cuando la preocupación es excesiva e inquietante, cuando ella ya se vuelve un factor que te impide vivir tu vida con normalidad porque te preocupa en demasía muchas cosas que otros no pueden ver, cuando te genera preocupación tanto lo cotidiano como lo probable o improbable, en este caso estamos hablando de estrés causado por **Un Trastorno de Ansiedad Generalizada** lo que genera: tensión general, dolores de cabeza o de cuerpo, presión arterial alta, pérdida de sueño, enfermedades importantes de las que se tenga o no patrón genético, tales como diabetes, problemas cardiacos, obesidad, acné, depresión, etc.

Una persona con estrés crónico y/o ansiedad generalizada, también puede padecer grandes enfermedades mentales como la depresión, lo que conlleva muchas veces a pensamientos suicidas, entre otras dificultades.

Como verás, el estrés es una reacción que surge en nuestra mente, pero sus efectos se reflejan intensamente en nuestro cuerpo. Para gestionarlo de manera efectiva, es necesario emplear herramientas tanto mentales como físicas. Aquí es donde la magia de estar solos juega un rol fundamental. Estar solos nos ofrece un espacio libre de distracciones donde podemos procesar nuestras emociones, reflexionar sobre lo que nos preocupa y encontrar claridad. Sin la presión externa, tenemos la oportunidad de observar nuestras reacciones ante el estrés y, a partir de ahí, encontrar formas de manejarlo más conscientemente.

La soledad no solo nos permite explorar nuestras emociones, sino que también nos brinda la oportunidad de cuidar nuestro cuerpo. En la tranquilidad de estar solos, podemos sintonizar con nuestras necesidades físicas, como descansar adecuadamente, ejercitarnos o practicar la meditación. Al estar alejados de las influencias externas, es más fácil adoptar hábitos saludables que ayuden a reducir las tensiones físicas que el estrés genera en nuestra vida.

CAPÍTULO XI

CONECTANDO CON EL MUNDO DESDE LA SOLEDAD

"Uno se vuelve más fuerte cuando deja de buscar fuera lo que necesita encontrar dentro."

– Eckhart Tolle

La empatía se refiere a la manera como vemos y sentimos las emociones del otro; o sea, de nuestro prójimo, como dice el dicho, es la capacidad de "ponernos los zapatos del otro y caminar con ellos", mientras que la compasión por su parte es cuando esas emociones que somos capaces de comprender y sentir del otro incluyen el deseo real de ayudarlo.

Al estar solos generamos un buen espacio para desarrollar estas cualidades, que realmente tenemos todos como seres humanos, solo que tal vez la tenemos escondidas y no la hemos liberado o manifestado al exterior.

Pero…

¿Por qué es importante nuestro espacio para cultivar estas cualidades?

Porque estando solos es que podemos conocernos y autorreflexionar sobre nosotros mismos, reconocer nuestra humanidad y por consiguiente reconocerla en nuestros iguales.

La empatía es una reacción ante el dolor ajeno, pero la compasión va un paso más allá, ambas se cultivan en el mismo huerto.

No puedes dar lo que no tienes, si no sientes compasión por ti, no puedes sentir compasión por los demás.

Según la RAE la compasión es el *"Sentimiento de pena, de ternura y de identificación ante los males de alguien"*. La empatía, por su parte, es la *"identificación mental y afectiva de un sujeto con el estado de ánimo del otro"*

Sé muy bien que en estas palabras etimológicas no cabe el sentimiento hacia nosotros mismos, pero en cuestiones de sentimientos, lo podemos sentir. Siempre hemos escuchado sobre amarse a uno mismo, *"Ama a tu prójimo como a ti mismo"*, también como Gandhi dijo una vez: *sé el cambio que quieres ver en el mundo.*

Entonces, si quieres cultivar la compasión en tu vida, lo primero que tienes que hacer es:

1. Empezar contigo mismo, porque si te menosprecias a ti, no serás capaz de ver el dolor ajeno, ya que no te sentirás identificado, si eres capaz de criticarte, por ejemplo, por tener

unos kilos de más, ¿Como podrás ayudar a alguien que tiene sobrepeso?

¿No tiene sentido, verdad?

No es fácil comenzar con nosotros mismos, solo sé que es el tiempo a solas que ayuda a que podamos lograrlo.

2. Escuchar activamente, esto es algo que se cultiva cuando aprendemos a estar solos, ya que podemos sentir la necesidad de escucharnos.

Si aprendemos a escucharnos mucho más, aprenderemos a escuchar a nuestro prójimo, sin criticar, sin juzgar y sin dar un consejo. Muchas veces solo buscamos que nos escuchen, que estén a nuestro lado sin decir una palabra.

3. El diálogo consciente, este punto está ligado al anterior, solo hablar cuando sea necesario y reflexionar antes de hacerlo, tratar de conocer y ser empáticos, antes de actuar con las otras personas y decir algo que quizás agrave la situación. Para ello es necesario también conocernos a nosotros mismos, ya que siendo consciente de nuestras debilidades podemos saber que nos impacta emocionalmente y que no. Y por ende como tratar a los demás, sin menospreciar el sentimiento del otro.

4. Saber perdonar, no podemos sentir compasión si no aprendemos a perdonar.

Perdonarnos a medida que nos acercamos a nuestra humanidad, una humanidad que tiene defectos, por eso, al estar solos, nos topamos con nuestras propias bajezas, debilidades y defectos para poder comprender mejor a los demás, de esta manera la empatía y la compasión florecen verdaderamente.

5. Practicar la meditación, es una práctica que ayuda a sembrar la semilla de la compasión y de la empatía, nos ayuda desde nuestra soledad a ser compasivo y desear el bien a los demás.

"Deseo que le vaya bien"

"Gracias por lo que haces por mi"

"Espero sea muy feliz en su matrimonio"

"Merece todo lo bueno en la vida"

Solo repetir estas frases nos van abriendo la puerta de la compasión y empatía.

6. Practicar la generosidad, cuando hacemos pequeños actos de bondad con los demás, lo estamos haciendo por nosotros mismos, estamos amando, mientras aprendemos a amar.

Ten en cuenta que venimos al mundo para servir, para contribuir con nuestras acciones y habilidades al bienestar de los demás. Al hacerlo, no solo ayudamos a quienes nos rodean, sino que también encontramos propósito y sentido en nuestra propia vida.

El servicio a los demás nos conecta con nuestra humanidad más profunda y nos permite crecer en empatía, humildad y compasión

CONCLUSIÓN

ABRAZANDO LA MAGIA DE LA SOLEDAD

Al llegar al final de este maravilloso viaje, donde hemos aprendido tanto sobre amarnos a nosotros mismos y vivir sin miedo en nuestra propia compañía, vale la pena mirar atrás y comparar quiénes éramos antes con quiénes somos ahora. Este recorrido hacia el autoconocimiento y la aceptación no es fácil, pero sin duda vale la pena emprenderlo. En el camino te encontrarás con obstáculos: habrá momentos en los que la motivación se desvanecerá, y otros en los que te sentirás completamente perdido. Pero recuerda, solo tú podrás encontrar el camino correcto.

Tendrás que enfrentarte a la incomprensión de quienes te rodean: familiares y amigos que quizás no entiendan tu proceso. Escucharás frases como '¡Te estás volviendo loco!' y sentirás la presión de conformarte con sus expectativas. Sin embargo, todo lo que atravieses te transformará de una manera profunda y positiva. No volverás a ser la misma persona. Al final, serás capaz de enfrentar tus miedos y ansiedades sin la necesidad de moldear tu vida para complacer a los demás.

El hecho de disfrutar y sentirte cómodo en tu soledad revela algo importante:

- La aceptación completa de tu vida tal como es.

- La capacidad de expresar tus emociones sin miedo ni represión.

- El poder de apagar esos pensamientos catastróficos que solían dominar tu mente.

- La libertad de ser quien realmente eres, sin filtros ni máscaras.

Todo lo que has aprendido en este camino es una invitación a seguir adelante. No te quedes en la teoría, pon cada enseñanza en práctica, porque es en la acción donde verdaderamente ocurre la transformación.

Si algún día decides decirte a ti mismo: 'Hoy voy a quedarme solo para meditar y reflexionar sobre mi vida', puede que surjan sentimientos de incomodidad.

Tal vez te preguntes:

¿Qué estoy haciendo aquí?

Y la respuesta es simple: no se construye una gran edificación en un solo día.

Piensa en tu vida como esa gran edificación, con varios pisos: cuerpo, mente y alma. Integrar y equilibrar estos niveles requiere tiempo, dedicación y mucho esfuerzo, especialmente cuando están llenos de creencias limitantes, pensamientos negativos y prejuicios que has acumulado a lo largo de los años. Pero limpiar esos espacios y conectarlos entre sí es un trabajo esencial si deseas vivir en paz.

Te animo a que sigas adelante en tu viaje de autodescubrimiento. Aprende a estar contigo mismo, porque en esa soledad se encuentra la verdadera magia de estar solo.

Al final de este viaje, serás verdaderamente libre. No solo amarás más a los demás, sino que te amarás más a ti mismo. Y al hacerlo, comprenderás una verdad profunda: pase lo que pase en tu vida o en el mundo, solo hay una persona que nunca te abandonará...

Tú mismo...

PALABRAS DE PODER

FRASES PARA FORTALECER TU INTERIOR

1. Hoy elijo creer en mí mismo y en mi capacidad para crecer.

2. Cada paso que doy, por pequeño que sea, me acerca a mi mejor versión.

3. La soledad no es ausencia de compañía, es el espacio donde encuentro mi verdadero poder.

4. Me permito sentir mis emociones sin juzgarlas. Son parte de mi crecimiento.

5. El día de hoy es una nueva oportunidad para empezar de nuevo.

6. Acepto mis fallos como lecciones y me comprometo a aprender de ellos.

7. Hoy, abrazo mi individualidad. No necesito ser como nadie más.

8. Confío en que todo lo que necesito para ser feliz ya está dentro de mí.

9. La paz interior es mi prioridad, y hoy me enfoco en cultivarla.

10. No tengo que tener todas las respuestas hoy. Me permito explorar y aprender.

11. La fuerza que busco en los demás ya la tengo dentro de mí.

12. Hoy elijo liberarme de las creencias limitantes y abrirme a nuevas posibilidades.

13. El tiempo que paso conmigo mismo es el tiempo más valioso que puedo invertir.

14. Mi valor no está definido por la opinión de los demás, sino por lo que creo de mí mismo.

15. Hoy, elijo ser paciente conmigo mismo y respetar mi propio proceso.

16. Todo lo que necesito para superar los desafíos de hoy ya está dentro de mí.

17. Soy suficiente tal como soy, y merezco todo lo bueno que la vida tiene para ofrecer.

18. En la soledad encuentro claridad, y en la claridad, descubro mi verdadero camino.

19. Cada día es una oportunidad para avanzar, incluso si el progreso es pequeño.

20. Me comprometo a seguir creciendo y a aceptar cada paso del viaje como parte de mi evolución personal.

21. Hoy decido dejar de compararme con los demás y enfocarme en mi propio camino.

22. Cada desafío que enfrento es una oportunidad para demostrar mi fortaleza interior.

23. Soy capaz de crear una vida que refleje mi verdadera esencia.

24. El silencio de la soledad me permite escuchar la sabiduría de mi interior.

25. Me doy permiso para fallar, porque de mis errores nacen mis mayores aprendizajes.

26. Mi paz interior no depende de las circunstancias, sino de mi actitud ante ellas.

27. Soy el arquitecto de mi vida, y hoy elijo construir con amor y gratitud.

28. Cada día es una nueva oportunidad para ser más auténtico y fiel a mí mismo.

29. Me libero de las expectativas de los demás y sigo mi propio camino con confianza.

30. Confío en mi intuición, porque solo yo sé lo que es mejor para mí.

¡Felicidades por haber llegado al final de este libro!

Espero que la experiencia haya sido enriquecedora y que hayas encontrado valor en cada página.

Si sientes que este libro ha aportado algo positivo a tu vida, me encantaría saberlo.

Tu apoyo es invaluable, y una reseña compartiendo tu opinión puede ayudar a otros a descubrir este contenido.

Si puedes tomarte un momento para dejar tus comentarios, estaría profundamente agradecido.

Cada reseña marca una gran diferencia y me impulsa a seguir creando.

¡Gracias de corazón por tu tiempo y por acompañarme en este viaje!

¿Cómo dejar una reseña?

- Visita la página de libros en KDP
- Desplácese hacia abajo hasta la sección de reseñas de clientes.
- Haga clic en escribir una opinión de cliente

O puedes seguir cualquiera de estos enlaces

Versión Kindle
http://www.amazon.com/review/create-review?&asin=B0DG6SSSTR

También puedes contactarme para cualquier pregunta, compartir tus pensamientos y sentimientos sobre el libro o para suscribirte a material inédito en:

www.mrbrianalba.com
mrbrianalba@gmail.com
https://www.instagram.com/brian.alba8/
https://www.tiktok.com/@brianalba8

Otros libros de Brian Alba

El Poder de Estar Solo

El libro ofrece estrategias de vida recomendadas por psicólogos incluyendo ejemplos y consejos fáciles para mejorar tu vida en todos los aspectos con los cuales tendrás un camino marcado que solamente deberás seguir para poder lograr todos tus sueños y anhelos.

https://www.amazon.com/dp/B08Z9W56ZL

Motivación de León

"Motivación de León" es un libro inspirador que fue creado a partir de historias reales de personas que han enfrentado diversos problemas y los han superado con valentía y determinación, convirtiéndose en el regalo perfecto para quién esté pasando por un momento difícil en la vida.

https://www.amazon.com/dp/B099BZQSDH

El Poder de Crear Hábitos

Una guía clara y efectiva para transformar tus hábitos negativos en hábitos ganadores que te ayuden a cumplir tus objetivos. Desde la secuencia perfecta para crear nuevos hábitos, hasta cómo vencer la procrastinación y encender tu motivación. Este libro te proporciona las herramientas necesarias para llevar tu vida al siguiente nivel

https://www.amazon.com/dp/B0BXNP8QC3

Cómo Sanar una Relación de Pareja y Reconstruir la Confianza

En "Cómo sanar una relación de pareja y reconstruir la confianza," Brian Alba ha tejido un hilo común entre las relaciones felices y saludables. A lo largo de este libro, explorarás estrategias comprobadas, herramientas poderosas y ejercicios prácticos diseñados para sanar heridas del pasado, fortalecer la comunicación, cultivar la intimidad y alimentar el amor de pareja.

https://www.amazon.com/dp/B0CJBKQY8M

Cómo Sanar una Relación de Padres e Hijos

Explora cómo la inmadurez de los padres y la arrogancia de los hijos pueden transformar el hogar en un campo de batalla, dejando cicatrices emocionales que parecen insuperables.

Descubrirás cómo sanar las grietas en el corazón y restaurar el amor y la armonía en tu familia desde la lógica.

https://www.amazon.com/dp/B0CKNFPY3H

Eternamente agradecido,

Brian Alba

Made in the USA
Columbia, SC
09 January 2025